Eurêka!

Kota Sasaki

Kaori Sasaki

Shinnosuke Matsui

HAKUSUISHA

─── 音声ダウンロード ───

 この教科書の音源は白水社ホームページ（www.hakusuisha.
co.jp/download）からダウンロードすることができます
（お問い合わせ先：text@hakusuisha.co.jp）

装丁・本文デザイン　　株式会社エディポック＋阪戸みほ
イラスト　　　　　　　sayao　佐々木幸太
ナレーション　　　　　Alexandra Hammacher　Alexis Morand

はじめに

　Heurēka！「わかったぞ！」古代ギリシャの学者アルキメデスは浮力の原理を
ひらめいた時にこう叫んだそうです。この教科書のタイトル **Eurêka！** には「ク
イズを解くように、フランス語の仕組みを発見してもらいたい」そんな願いが込
められています。そのために絵と音声をふんだんに盛り込みました。また、フラ
ンス語を使っていることが実感できるように、一度登場した単語は全体を通して
何度も使うように工夫しています。

　この教科書は、導入の２章と、本編の８章という構成になっています。本編の
各章は、漫画と３つの課、そしてまとめの練習問題でできています。

　各章の漫画は、これまで学んだこと、その章で学ぶこと、そして便利な日常表
現でセリフが書かれています。まずは各課の学習に入る前に、絵とセリフをよく
見て、どんなことが言えるようになるかをしっかりとイメージしましょう。

　各課は「ことばの観察」、「フランス語の観察」・「今日の表現」、そして「作文
に挑戦」からなります。
★「ことばの観察」は、その課で何ができるようになるか、そのために何が必要
　かを理解するパートです。
★「フランス語の観察」では、目標を達成するために必要なことばのルールを発
　見します。まずは絵と音声を結びつけ、それから指示された活動に取り組んで
　ください。すべてが終わるころには、フランス語の仕組みに気づいているはず。
　その気づきを分析して整理しましょう。
★「今日の表現」は、目標を達成するために役立つ動詞や表現を学びます。絵や
　音声を活用して、使いこなすための準備をしましょう。
★「作文に挑戦」は、その課で学んだことをもとに取り組みます。観察と分析を
　通じて理解したことを思い出して、フランス語の文を作りましょう。

　まとめの練習問題は、それぞれの課の応用問題です。各課が終わったら、巻末
の単語リストを使って挑戦しましょう。

　ひとつの課が終わったら、「ことばの観察」を見直してください。ひとつの章
が終わったら、漫画を見直してください。自分の成長が実感できるはずです。
　多くの気づきと発見を通して、楽しくフランス語を身につけてください。

2019年秋

著者一同

目 次

フランス語のアルファベ

❶ Alphabet

🔊音声 01

フランス語では、アルファベットのことを、アルファベと呼びます。英語との違いに注意しながら、声に出して繰り返しましょう。

A a	**B b**	**C c**	**D d**

E e	**F f**	**G g**	**H h**

I i	**J j**	**K k**	**L l**	**M m**	**N n**

O o	**P p**	**Q q**	**R r**	**S s**	**T t**

U u	**V v**	**W w**	**X x**	**Y y**	**Z z**

★文字を書く位置に気をつけましょう。

❷ 数（1 ～ 20）

🔊音声 02

① 1 ～ 10を声に出して読みましょう。

1：un (une)	2：deux	3：trois	4：quatre	5：cinq
6：six	7：sept	8：huit	9：neuf	10：dix

② 11 ～ 20を声に出して読みましょう。

11：onze	12：douze	13：treize	14：quatorze	15：quinze
16：seize	17：dix-sept	18：dix-huit	19：dix-neuf	20：vingt

★11 ～ 16は、最後が _____ で終わる。

★17 ～ 19は、dixと7, 8, 9を _____ でつなげて作る。

フランス語の文字と読み方

❶ 母音と子音

ローマ字で「ネコ」は、＿ ＿ ＿ ＿ 、「イヌ」は ＿ ＿ ＿ と書く。

「ナ行」「カ行」を示すnやkは**子音**と呼び、「エの段」「オの段」を示すeやoは**母音**と呼ぶ。

❷ 母音字の読み方の基本

音声を聞いて、▨ で囲んだ母音字の読み方を書きましょう。　🔊 音声 03

papa	chocolat	tomate	salut	stylo
dodo	salade	salami	menu	banane

★ 基本的に、フランス語の母音は { □ アルファベ読み | □ ローマ字読み | □ 英語読み }。

❸ eの読み方

①直後に母音字がない子音字に〇をしましょう。

②音声を聞いて、▨ で囲んだ母音字の読み方を書きましょう。　🔊 音声 04

merci	café	Minet	fête	sel
père	menu	Léa	petit	buffet

★eは次のような時にローマ字読み(/エ/)で読む：

　□ eの後ろに何も文字がない時　　　　　□ eの上に記号(´ ` ^)が付いている時

　□ eの後ろに母音付きの子音がある時　　□ eの後ろに母音なしの子音がある時

★語末のeは、発音しない。日本語の「〜です」や「〜ます」の「ス」のように、「ウ」の音を発音しないことがある。これに近い現象で、フランス語では前の子音のみを発音する。

❹ 複数の母音字が連続する場合の特殊な読み方

1 母音字＋i

音声を聞いて、▨ で囲んだ母音字がどのように聞こえたかを書きましょう。　🔊 音声 05

Seine	aimer	chinois	japonais	toilettes	reine

★aとeの後にiが来る時は、多くの場合 / ＿＿ /の音になる(/イ/の音は消える)。

★ ＿ の後にiが来る時は/(ォ)ワ/となる。

② 母音字＋u

音声を聞いて、 で囲んだ母音字がどのように聞こえたかを書きましょう。 ◀)) 音声 06

œuf	coucou	euro	peur	tour	audio	sauce	eau

★ ＿＋u のみ、/ オ / の音になる（e が a の前にあっても同じ）。

★それ以外の母音字＋u は、/ ＿＿＿ / のような音になる（日本語の「ウ」に近いのは ou）。

★œu、eu は、口笛を吹くイメージで口をすぼめつつ前に突き出して / エ / と言う時の音。

★ou は、同じように口をすぼめて前に突き出して「ウ」と言う時の音。

③ 母音＋語末の e

音声を聞いて、 で囲んだ母音字がどのように聞こえたかを書きましょう。 ◀)) 音声 07

pâtisserie	amie	année	Marie	barbecue

★母音字＋語末の e は { □ e を無視する | □ 合わさって / エ / } という音になる。

❺ 鼻母音

母音を出しながら、母音に「ン」の音を混ぜる音を鼻母音と呼ぶ。

フランス語では、母音の後に、母音字が付いていない n か m が来ると、鼻母音になる。

音声を聞いて、 で囲んだ文字がどのように聞こえるかを の中に書きましょう。 ◀)) 音声 08

France	brun	prince	encore	nom	plein	train
[ã]	[œ̃]	[ɛ̃]	[ã]	[ɔ̃]	[ɛ̃]	[ɛ̃]

faim	violon	important		restaurant	point	camembert	soin
[ɛ̃]	[ɔ̃]	[ɛ̃]	[ã]	[ã]	[wɛ̃]	[ã]	[wɛ̃]

★フランス語には鼻母音が4種類ある。

★舌の先端を押さえられている時のように母音を発音しながら、「ン」を混ぜる：

　・[ã]‥‥‥‥「ア」[a] と言いながら、「ン」（ ＿ / ＿ ＋n / m）

　・[ɛ̃]‥‥‥‥「エ」[ɛ] と言いながら、「ン」（ ＿ / ＿ / ai / ei ＋n / m）

　・[ɔ̃]‥‥‥‥「オ」[ɔ] と言いながら、「ン」（ ＿ ＋n / m）

　・[œ̃]※‥‥‥口を丸くすぼめて前に突き出した状態で [ɛ̃] と言う

★oi ＋n / m で / ワ行 / の [ɛ̃]（[wɛ̃]）になる。

　実際には、次のように聞こえる：[ã] ≒ / ＿ン /、[ɛ̃] ≒ / ＿ン /、[ɔ̃] ≒は / ＿ン /、[œ̃] ≒ / ＿ン /。

※パリを中心に [œ̃] は [ɛ̃] と同じように発音する傾向にある。

9

❻ 半母音

母音が続く時、前の母音を出しながら、次の母音を混ぜて発音する音。 🔊音声 09

[j]＝/ヤ行/（iの音＋母音）	[ɥ]＝/ヤ行/（uの音＋母音）
i＋母音：cafétéria	u＋母音：huit
y＋母音：yaourt	[w]＝/ウ行/（ouの音＋母音）
il / ill＋母音：fille, travaille, abeille	ou＋母音：oui
	w＋母音：wisky

★母音を子音のように扱うため、半子音とも呼ぶ。

★-ailleのaiの部分は ｛□ [aj] /アイ/ ｜□ [ej] /エイ/｝と読む。

★-eilleのeiの部分は ｛□ [ei]/エイ/ ｜□ [ɛ] /エ/｝と読む。

❼ 子音字の読み方

① 基本的な読み方

▨ の部分の子音に注意して音声を聞きましょう。 🔊音声 10

[m]（/マ行/）	[n]（/ナ行/）	[p]（/パ行/）	[b]（/バ行/）	[f]（/ファ行/）	[v]（/ヴ行/）
mère	né	père	bien	film	venir
[s]（/サ行/）	[z]（/ザ行/）	[t]（/タ行/）	[d]（/ダ行/）	[k]（/カ行/）	[l]（/ラ行/）
salade	zoo	toi	danse	kilo	livre

★多くの子音の読み方は ｛□ ローマ字読みと似ている ｜□ ローマ字読みとは違う｝。

② c の読み方

音声を聞いて、▨ の部分の音が [k]（/カ行/）だったら、○で囲みましょう。 🔊音声 11

café	France	Français	cuisine	cette
Niçoise	comment	merci	mercredi	crêpe

★[k]/カ行/＝c＋＿、c＋＿、c＋＿、c＋子音字（chは⑥を参照）

★[s]/サ行/＝c＋＿、c＋＿、ç＋{a, o, u}

③ g の読み方：[g], [ʒ], [ɲ]

音声を聞いて、▨ の部分の音が [g]（/ガ行/）だったら、○で囲みましょう。 🔊音声 12

guide	gare	gibier	gel	gnangnan
garçon	Georges	genre	gomme	montagne

★[g]（/ガ行/）＝g＋＿、g＋＿、g＋＿、gue, gui

★gu＋{e, i}のuは｛□ [y]≒/ュ/と発音する ｜□ 発音しない｝。

★[ʒ]（/ジャ行/）＝g＋＿、g＋＿、ge＋{a, o, u}（eの文字は発音しない）の時

★[ɲ]（/ニャ行/）＝g＿＋母音

4 sの読み方：[s], [z]

音声を聞いて、░の部分の音が [z]（/ ザ行 /）だったら、◯で囲みましょう。 🔊音声 13

Seine	journaliste	poisson	poison	base	basse

★[z]/ ザ行 / になるのは { □ s が母音に挟まれている時 | □ s s が母音に挟まれている時 }

5 qの読み方

音声を聞いて、░の部分の音が [k]（/ カ行 /）だったら、◯で囲みましょう。 🔊音声 14

cinq	question	quai	musique

★q に母音を付ける時は、「q ＿ ＋母音」（u は発音 { □ する | □ しない }）になる。

6 hの読み方

上段と下段で、░で囲んだ部分の音が異なる組み合わせがあれば◯をしましょう。 🔊音声 15

ces	sec	cris	par	tes	au
chez	sèche	Jésus Christ	phare	thé	haut

★基本的に h は { □ [h] ≒ / ハ行 / の発音になる | □ 無視する }

★音が変化するのは 2 種類： [f]（/ ファ行 /）＝ ＿ h ＋ {母音}

[ʃ]（/ シャ行 /）＝ ＿ h（外来語の sh も同様：shampoing など）

7 rの読み方：/ R行 /

音声を聞いて、░の部分の音が [l]（/ ラ行 /）だったら、◯で囲みましょう。 🔊音声 16

long	lit	loup	la
rond	riz	roux	rat

★[l]/ ラ行 / になるのは { □ l の文字 | □ r の文字 }

★r は、日本語にはない音で発音するので、この教科書では便宜上 /R行 / と呼ぶ。

★/R行 / の音は、舌の先を下の歯の裏に当て、後方を上げて出す、こすれた音。

8 語末の子音字

音声を聞いて、░の子音字が発音されたら◯をしましょう。 🔊音声 17

pot	restaurant	Paris	grand prix		
sac	neuf	il	mer	sœur	lit

★フランス語では、基本的に単語の最後にくる子音字は発音しない。

★例外的に、読むことが多い子音字は 4 種類：＿＿＿、＿＿＿、＿＿＿、＿＿＿。

文字の読み方のまとめ

●母音字

母音字 単体	[a] , [ɑ] (/__/)	[ə], [ ] (/__/, 無音)	[e], [ɛ] (/__/)
	a	e	__ (+子音字), é, è, ê, ë
	[i] (/__/)	[o]/[ɔ] (/__/)	[y] (/__/)
	i, y	o	u
母音字 +u +i +e	[œ], [ø] (/__/)	[u] (/__/)	[o]/[ɔ] (/__/)
	eu, œu	ou	au, eau
	[e], [ɛ] (/__/)	[wa] (/__/)	(前の母音の音)
	ai, ei, ay, ey	oi	母音+e

	[ɔ̃] (/__/)	[ɑ̃] (/__/)	[ɛ̃] (/__/)	[œ̃] (口をすぼめた[ɛ̃])
鼻母音	on, om	an, am en, em	in, ain, ein im, aim, eim [wɛ̃] : oin	un, um

	[j] (/ヤ行/(i の音+母音))	[ɥ] (/ヤ行/(u の音+母音))
半母音	i +母音 : cafétéria y +母音 : yaourt ill+母音 : fille, travaille, abeille	u +母音 : huit
		[w] (/ウ行/(ou の音+母音))
		ou +母音 : oui w +母音 : wisky

●子音字

[m] (/マ行/)	[n] (/ナ行/)		[ɲ] (/ニャ行/)
m	n		__n
[p] (/パ行/)	[t] (/タ行/)		[k] (/カ行/)
p	t		k , q_ , c+{子音}, c+{_ , _ , _}
[b] (/バ行/)	[d] (/ダ行/)		[g] (/ガ行/)
b	d		g+{_ , _ , _}, g_ +{i, e}
[f] (/ファ行/)	[s] (/サ行/)		[ʃ] (/シャ行/)
f , _h	s, ss, ç, c+{_ , _ }		__h, sh
[v] (/ヴァ行/)	[z] (/ザ行/)		[ʒ] (/ジャ行/)
v	z , 母音に挟まれた __		j, g+{_ , _}
[l] (/ラ行/)	[ks] (/クス/)	[gz] (/グズ/)	[r] (/R行/)
l	x, ex+{子音}	ex+{母音}	r

Moi, c'est Minet !

ミネはフランス語を勉強する大学生です。夏休みを利用して、フランスに遊びに来ました。パリで友達のミミと合流します。

やあ、ミミ！　元気？
S _ _ _ _ , Mimi!
Ç_ v _ ?

やあ、ミネ！
うん、元気だよ！
S _ _ _ _ , Minet.
Oui, _ _ _ _ !

いらっしゃいませ。
お名前をお願いします。
B _ _ _ _ _ _ _ ,
monsieur.
votre nom,
s'il vous plaît ?

こんにちは。タナカです。
ミネ・タナカです。
B _ _ _ _ _ _ _ ,
monsieur.
C' _ _ _ _ Tanaka.
Minet Tanaka.

おはようございます、
タナカ様。お元気ですか？
B _ _ _ _ _ _ _ ,
monsieur Tanaka.
V _ _ _ a _ _ _ _
b _ _ _ ?

おはようございます。
はい、元気です！
B _ _ _ _ _ _ _ ,
monsieur.
Ou_ , ou_ ! J_ v _ _ _
b _ _ _ ... !

décalage
horraire

時差ボケ

I 日本語のセリフを見て、この章でできるようになることを3つ選びましょう。

☐ 注文をする　　☐ 会計をお願いする　　☐ 名前を言う

☐ 体調を尋ねる　☐ 値段を尋ねる　　　☐ 挨拶する

II ①赤い文字の語句の意味や表現をいつ使うかを（　）にa〜dを入れましょう。

②音声を聞いて、それぞれの語句の音を確認しましょう。

（　）s'il vous plaît	（　）oui	（　）monsieur	（　）votre nom

a. 肯定する（はいと言う）　b. お願いする　c. あなたのお名前　d. 男性への呼びかけ（敬称）

III この章が終わったら、残った __ を埋め、音声を聞いて確認しましょう。

Leçon 0a

Bonjour ! Moi, c'est Minet !

▶ 自分の名前を言う

Ⅰ ことばの観察

🔊 音声 19

音声を聞いて自己紹介の練習をしてから、＿＿ を比べて異なっている部分に○をしましょう。

a. おはよう！　僕、ミネ。君は？

Bonjour !

Moi, c'est Minet. Et toi ?

b. おはよう！　私、ミミ！

Bonjour !

Moi, c'est Mimi !

彼はミネです。

Lui, c'est Minet.

彼女はミミです。

Elle, c'est Mimi.

分析

🔊 音声 20

	1人称	2人称	3人称	
日本語	僕・私 など	君 など	彼	彼女
フランス語	_ o i	_ o i	_ _ _	_ _ _ _

ヒント elle / lui / moi / toi　＊下線の数にあわせて文字を入れましょう。

★話し手、聞き手など会話での役割を人称と呼び、人称を表す名詞のことを「人称代名詞」と呼ぶ。

★人を紹介するときは、[人称代名詞], c'est [名前] という表現を使うようだ。

★フランス語では、文の終わりの音を上げることで疑問文を作ることができる。

Ⅱ 今日の表現：挨拶

🔊 音声 21

	おはよう／こんにちは。 Bonjour.		こんばんは。　Bonsoir.
	元気？　－うん、元気。 Ça va ? — Oui, ça va.		さようなら。　Au revoir.

やってみよう

隣や近くの人と挨拶と自己紹介をして、名前を下の欄に書きましょう。

隣	一人目	二人目	三人目

単語 丁寧な挨拶　　文法 相手との距離に応じた表現

Bonjour, je m'appelle Minet.

▶ 丁寧に挨拶する

Ⅰ ことばの観察

🔊音声 22

音声を聞いて挨拶の練習をしてから、友達への挨拶だと思うフランス語に○をしましょう。

	やあ、ミネ！ Salut, Minet !		○	こんにちは。 Bonjour, monsieur.
	やあ、ミミ！ Salut, Mimi !			こんばんは。 Bonsoir, madame.
	じゃあね、ミミ！ Salut, Mimi !			さようなら。 Au revoir, mademoiselle.

分析 ★フランス語では、相手との距離（間柄、場面）に応じて表現が変化する　🔊音声 23
ことがある。

	親しい間柄の場合	間柄を問わない挨拶
挨拶		［朝・昼］ bonjour /［夜］ bonsoir
別れの挨拶	－－－－－	au revoir

★初対面の人や目上の人には挨拶の後に次の敬称を使う。

男性（既婚・未婚）	女性（既婚）	女性（未婚）
－－－－－－－	－－－－－	－－－－－－－

Ⅱ 今日の表現：名前を言う・体調を尋ねる

🔊音声 24

	僕、ミネ！　君は？ Moi, c'est Minet ! Et toi ?		僕はミネと言います。あなたは？ Je m'appelle Minet. Et vous ?
	元気？　―うん、元気。 Ça va ? — Oui, ça va.		お元気ですか？　―はい、元気です。 Vous allez bien ? — Oui, je vais bien.

★距離がある相手には、toiではなく＿＿＿＿＿＿を使うようだ。

やってみよう

挨拶→体調を尋ねる→名前を言う→別れるという流れを練習しましょう。

Pause - café

●世界のフランス語

　フランス語はどの国で話されているか知っていますか？　フランス語はフランス国内だけで話されているわけではありません。フランス語を公用語とする国は29カ国あり、フランス語話者は世界に約3億人います。フランスの人口は2019年時点で約6,700万人なので、フランス語話者はその4倍以上いるということになります。とはいえ、フランス語話者のなかには普段は別の言語を話し、フランス語は第2言語として学校や公式な場で使う人が多くいます。フランスやベルギーの旧植民地や海外領土の人々がそうです。このようにフランス語の使用状況を調べてみると、世界の様々な社会状況や歴史的背景が見えてきます。

　また、フランス語を外国語として学ぶ人の数は約1億2,500万人にのぼります。これは日本の人口とそう変わりません。フランス語は世界中で学ばれている人気の言語なのです。

●ビズ（la bise）

　海外の挨拶には握手やハグなどがありますが、フランスにはハグがない代わりに「ビズ」の習慣があります。互いの頬と頬を近づけて、合わせた時に唇でチュッという音を鳴らすものです。キスのように唇同士をつけるわけではありません。ビズは主に会った時と別れる時にします。仲の良い友人や家族はもちろん、初対面の人や打ち解けたビジネスの場でもすることがあり、親密さを感じる相手ならビズをするといえます。ビズは多くの地域で右、左の順に2回しますが、3回、4回する地方もあります。そのため、回数の違う地方出身者同士では、互いのペースが狂って慌てることも。

　ビズをしないと「あなたとはこれ以上の距離は縮めませんよ」というサインにとられることがあるので、断る時は「風邪をひいている」など、波風を立てない理由をつけます。自由に振る舞っているように見えるフランス人ですが、実はこんなところで「空気を読む」駆け引きをしているのです。

●数（20〜59）　　　　　　　　　　　　　　　　　　　　　🔊音声 25

20：vingt	21：vingt et un	22：vingt-deux	…	29：vingt-neuf
30：trente	31：trente et un	32：trente-deux	…	39：trente-neuf
40：quarante	41：quarante et un	42：quarante-deux	…	49：quarante-neuf
50：cinquante	51：cinquante et un	52：cinquante-deux	…	59：cinquante-neuf

★ 一の位が1の時は、十の位と一の位の間に ＿＿ を入れ、2〜9の時は - を入れる。
　（一の位が1の時は、伝統的には vingt et un のように表記しますが、近年では、vingt-et-un のように表記することもあり、書く人の自由に任されています）

Un café, s'il vous plaît !

お願いします！
S'__ v___ pl___ !

はい、お客様。
Ou_,
m_____.

こんにちは！僕にはコーヒーを1つと彼女にはレモネードを1つをください。
Bonjour ! U_ _____
pour moi et
une limonade
pour elle,
s'_ v___ pl___ .

お客様、いらっしゃいませ。
Mademoiselle,
m_____,
b_____.

かしこまりました。
Bien, m_____.

お兄さ〜ん！
お会計お願いします。
Monsieur,
l'_____,
s'__ v___ pl__ .

どうぞ、お客様。
6€いただきます。
Voilà,
m_____.
S__ eu___,
s'__ v___ p____ .

さようなら、お兄さん。
__ r_____,
monsieur.

さようなら、よい一日を！
Au r _ _ _ _ _ _ ,
bonne journée !

I 日本語のセリフを見て、この章でできるようになることを3つ選びましょう。

□ 注文をする　　□ 会計をお願いする　　□ 名前を言う
□ 否定する　　□ 値段を答える　　□ 職業を尋ねる・答える

II ①赤い文字の語句の意味や表現をいつ使うかを（　）にa〜fを入れましょう。
②音声を聞いて、それぞれの語句の音を確認しましょう。

（　）mademoiselle	（　）pour moi / elle	（　）bien
（　）voilà	（　）bonne journée	（　）et

a. 求められた物を渡す　b. 僕・彼女には　c. 未婚女性への呼びかけ（敬称）
d. よい一日を　e. よい（かしこまりました）　f. 〜と

III この章が終わったら、残った __ を埋め、音声を聞いて確認しましょう。

17

Leçon 0c
Un café, s'il vous plaît.
▶ カフェで注文する

Ⅰ ことばの観察
🔊音声 27

音声を聞いてカフェで注文する練習をして、注文の表現に線を引きましょう。

こんにちは。
Bonjour, monsieur.
コーヒーひとつお願いします。
Un café, s'il vous plaît.
かしこまりました。
Bien, monsieur.

お客様、コーヒーは？
Mademoiselle, un café ?
いいえ。コーヒーは結構です。
Non, merci. Pas de café.
タルトをひとつください。
Une tarte, s'il vous plaît.

Ⅱ フランス語の観察：注文のしかた
🔊音声 28

それぞれの品物を注文する練習をしてから、＿ を埋めましょう。

＿ ＿ café, s'il vous plaît	＿ ＿ thé, s'il vous plaît	＿ ＿ ＿ bière, s'il vous plaît
＿ ＿ ＿ crêpe, s'il vous plaît	＿ ＿ croissant, s'il vous plaît	＿ ＿ ＿ tarte, s'il vous plaît
des crêpes, s'il vous plaît	des croissants, s'il vous plaît	des frites, s'il vous plaît

ヒント　un / une

分析
★絵の背景が青い名詞には ＿＿＿ が付き、男性名詞と呼ばれる。
★絵の背景が赤い名詞には ＿＿＿＿ が付き、女性名詞と呼ばれる。
★数がいくつもある時は、男性名詞も女性名詞も前に ＿＿＿＿ を付け、語末にsを付ける。

Ⅲ 今日の表現：数と名詞
🔊音声 29

音声を聞いて、数と名詞を合わせる練習をしましょう。

x1 un café	x2 deux cafés	x3 trois cafés	x4 quatre cafés
x1 une tarte	x2 deux tartes	x3 trois tartes	x4 quatre tartes
x0 pas de café / x0 pas de tarte		x? des cafés / x? des tartes	

Leçon 0d

単語 会計　文法 値段の言い方、リエゾン、アンシェヌマン

L'addition, s'il vous plaît.

▶ 値段のやりとりをする

Ⅰ ことばの観察

🔊音声 30

会計をする練習をして、値段を表す部分に線を引きましょう。

お会計お願いします！
L'addition, s'il vous plaît !
5ユーロ頂戴します。
Cinq euros, s'il vous plaît.

Ⅱ フランス語の観察：値段とリエゾン

🔊音声 31

値段を表す「数字＋euro(s)」の表現を聞いて、⌒の箇所で聞こえた音を書きましょう。

1€ un⌒euro	2€ deux⌒euros	3€ trois⌒euros	4€ quatre⌒euros	5€ cinq⌒euros
6€ six⌒euros	7€ sept⌒euros	8€ huit⌒euros	9€ neuf⌒euros	10€ dix⌒euros

分析

★ふたつの単語を組み合わせてひとつの意味を表す（数＋euro(s) ＝ 値段）時、ふたつ
目の単語が母音始まりなら音の変化が起こる。

リエゾン		
鼻母音→ [n] __ euro	無音(～s, ～x) → [z] _____ euros / _____ euros	[s] → [z] ___ euros / ___ euros
アンシェヌマン		
[f] → [f] ____ euros	[t] → [t] ____ euros / ____ euros	[r] → [r] _____ euros

★ひとつ目の単語の最後の子音を変化させて使うことを _____ と呼ぶ。

★ひとつ目の単語の最後の子音をそのまま使うことを _____ と呼ぶ。

やってみよう

音声を聞いて、a～fの値段を書き取りましょう。

🔊音声 32

	a. €		b. €		c. €
	d. €		e. €		f. €

Pause - café

●レストラン

　美食の国フランスには様々な飲食店の形があります。まずは、前菜、メイン、デザートと食べ進めていくレストラン。こう聞くと高価な「フレンチレストラン」をイメージしてしまいますが、ワンプレートの安価で庶民的なレストランも多いのでご安心を。料理は料理人の得意分野に特化されていて、和洋中何でも選べる日本のファミリーレストランのような店はありません。次に、コーヒーやアルコールなどの飲み物だけでなく、簡単な軽食も提供するカフェがあります。ほかにも、ブラッスリーやビストロと呼ばれる飲食店があります。ブラッスリーは「ビール醸造所」の意味もあるビアバーで、フランス人はビールと一緒に気軽な食事を楽しむ場所を想像するようです。ビストロは大衆食堂や居酒屋に相当し、気軽で親しみやすい感じがあります。厳密な区分はありませんが、フランス人は服装や気分、食べたいものに応じて色々な形態の店を使い分けているようです。

● 7月14日(Le Quatorze Juillet)

　7月14日(Le Quatorze Juillet)はフランス人にとって大事な日です。この日は今のフランス共和国が成立するきっかけとなったフランス革命(1789～1799年)が始まった日で、革命記念日と呼ばれることもあります。フランス革命では、市民が絶対君主として君臨していた国王を倒し、身分制などのシステムを壊しました。その後、フランスは、市民が権力を握り、民主主義を基礎とした国民国家の道を歩むことになります。こうした背景があるため、フランスの学校では、人権思想や市民の連帯などの革命の精神が教えられています。また、公立学校では革命のスローガンであり国家の理念である「自由(liberté)、平等(égalité)、友愛(fraternité)」が国旗とともに掲示されています。革命記念日は1880年に正式な祭日となりました。今日では、この日にパリのシャンゼリゼ大通りで勇壮な軍事パレードが行われます。また、各地で花火を打ち上げたり、ダンスパーティを開いたりして、人々は国を挙げて記念日を華やかに祝っています。

●数(60～100)

　　　　　　　　　　　　　　　　　　　　　　　　　　　　　　　　　　　　🔊 音声 33

60：soixante	61：soixante et un	62：soixante-deux	…	69：soixante-neuf
70：soixante-dix	71：soixante et onze	72：soixante-douze	…	79：soixante-dix-neuf
80：quatre-vingts	81：quatre-vingt-un	82：quatre-vingt-deux	…	89：quatre-vingt-neuf
90：quatre-vingt-dix	91：quatre-vingt-onze	92：quatre-vingt-douze	…	99：quatre-vingt-dix-neuf
100：cent				

★60以降は、{ □ 10ごと | □ 20ごと } に言い方が変わる。

★80以降で、一の位が1の時はetを { □ 使う | □ 使わない }。

★80のみ、quatre-vingtの最後に ＿＿＿ が付く。

Je suis étudiante.

こ…こんにちは！
B... B_____ !

レア・フェレンと言います。
J_ m'a_ _ _ _ _
Léa Félin.

はい、こんにちは？
Ou_ , b_____ ?

私、日本語の学生です。
J_ s_ _ _ _
é_____ en
japonais.

あなたたちの国籍はどこですか？
Quelle est votre
nationalité ?

僕たち、日本人だよ！
N_ _ _ s_ _ _ _ _
j_____ !

僕はミネと言います！
J_ m'
Minet !

よろしく、ミネさん。
Enchantée, Minet.

それで、あなたの名前は何ですか？
Et v_ _ _ , vous vous
appelez comment ?

私はミミです。
M_ _ , c'_ _ _ Mimi !

それで、職業はなんですか？
学生さんですか？
Et quelle est votre
profession ?
V_ _ _ ê_ _ _
é_____ ?

僕は、学生だよ。
M_ _ , j_ s_ _ _
é_ _ _ _ .

私は学生じゃないよ！
M_ _ , j_ s_ _
é_____ !

Ⅰ 日本語のセリフを見て、この章でできるようになることを3つ選びましょう。

☐ 国籍を言う　　☐ 否定する　　☐ 上手・下手を言う
☐ 話せる言語を言う　☐ 住んでいる場所を言う　☐ 職業を言う

Ⅱ ①赤い文字の語句の意味やいつ使うかを（ ）にa〜dを入れましょう。
②音声を聞いて、それぞれの語句の音を確認しましょう。

（ ） quelle est votre nationalité	（ ） quelle est votre profession
（ ） vous vous appelez comment	（ ） enchanté / enchantée

a. 国籍を尋ねる　b. 初対面の挨拶　c. 名前を尋ねる　d. 職業を尋ねる

Ⅲ この章が終わったら、残った __ を埋め、音声を聞いて確認しましょう。

Je suis japonais !
▶ 自分の国籍を言う

Ⅰ ことばの観察：主語と動詞　　◀)) 音声 35

「〜です」と同じ意味の日本語の箇所に下線を引き、フランス語を声に出してみましょう。

a. 君はフランス人なの？
Tu <u>es</u> française ?

b. うん、私はフランス人だよ。
Oui, je <u>suis</u> française.

c. 彼女はフランス人です。
Elle <u>est</u> française.

d. 彼はフランス人だよ。
Il <u>est</u> français.

> 分析　★日本語の「〜です」は、主語ではなく丁寧さで形が変わる。
> ★フランス語の「〜です」の部分は、主語によって ｛ □ 変化する ｜ □ 変化しない ｝。

Ⅱ フランス語の観察（1）：主語人称代名詞と être（単数）　◀)) 音声 36

主語として用いる代名詞と être（〜です）を声に出して練習してから、空欄を埋めましょう。

a. 僕は日本人です。　___ suis japonais.　　**b.** 彼は日本人です。___ est japonais.

c. 彼女は日本人です。_____ est japonaise.　**d.** 君は日本人です。___ es japonaise.

ヒント elle / il / je / tu

> 分析　★動詞を使う時には、主語として用いる代名詞「主語人称代名詞」を使う。　◀)) 音声 37
> ★「〜です」を表すには動詞 être を用い、主語に応じて形が変化（＝活用）する。

一人称：話し手	二人称：聞き手☑	三人称：その他	
私が＝ _ _	君が＝ _ _	彼が＝ _ _	彼女が＝ _ _ _ _
〜です _ _ _ _	〜です _ _	〜です _ _ _	〜です _ _ _

練習しよう

聞こえた主語人称代名詞に○をして、être を主語に応じて活用しましょう。　◀)) 音声 38

a. tu / il _____　**b.** je / elle _____　**c.** il / elle _____

チェックしよう　☑日本語とは異なり、名前を呼びかけて「君」や「お前」の意味で使うことができません。
ミネ（＝君）は日本人？　×Minet es japonais ? ➡ Minet, tu es japonais ?

フランス語の観察（2）：形容詞の男性形と女性形

絵と音声から、国籍を表す形容詞と性別の関係についてのルールを見つけましょう。　🔊 音声 39

	japon_____		français		américain
	japonaise		franç_____		améric_____

ヒント américain / américaine / français / française / japonais / japonaise

🔍 **分析**　★形容詞は対象の性別で形が { □ 同じ | □ 違う }。
★男性形の形容詞 ＋ ____ ＝ 女性形の形容詞。

練習しよう

❶ 文を読んで、主語が男性か女性か選んで□か□にチェックを入れましょう。

　　　　　　　　　　　　　　　　男性　　女性　　　　　　　　　　　　　　　　　男性　　女性
a. Je suis anglaise.　　□　　□　　**b.** Lee est chinois ?　　□　　□
c. Je suis chinoise.　　□　　□　　**d.** Mary est américaine.　□　　□
e. Tu es américain ?　 □　　□　　**f.** Je suis anglais.　　　□　　□

❷ 動詞と国籍を見て（　　　）に適切な主語人称代名詞を書きましょう。

a. (　　　　) est anglaise.　　**b.** (　　　　) es chinoise.
c. (　　　　) suis japonais.　　**d.** (　　　　) est anglais.

Ⅳ **作文に挑戦**　🔊 音声 40

語を並び替えて文を作りましょう。[ ] の動詞は活用して、{ } は正しい語を選ぶこと。

a.　君(男)はイギリス人なの？
　　tu / {anglais | anglaise} / [être]

➡ _____ ?

b.　私(女)は中国人です。
　　je / {chinois | chinoise} / [être]

➡ _____ .

c.　彼女はアメリカ人です。
　　elle / {américain | américaine} / [être]

➡ _____ .

覚えたい単語　🔊 音声 41

chinois 中国人(男性)	chinoise 中国人(女性)	anglais イギリス人(男性)	anglaise イギリス人(女性)

単語 職業（1）　文法 être、名詞・形容詞（単数形・複数形）

Nous sommes étudiants.

▶ 職業を言う

I ことばの観察：主語と動詞の複数形

音声 42

「～です」と同じ意味の日本語の箇所に下線を引き、フランス語を声に出してみましょう。

a. 君は学生ですか？
Tu es étudiant ?

b. うん、僕は学生です。
— Oui, je suis étudiant.

c. 君たちは学生ですか？
Vous êtes étudiants ?

d. はい、僕たちは学生です。
— Oui, nous sommes étudiants.

分析
★日本語では、人数が変わっても動詞は同じ形を使うことができる。
★フランス語では、人数に応じて { □ 主語の形が変わる | □ 主語と動詞の形が変わる }。

II フランス語の観察（1）：主語人称代名詞とêtre（複数）

音声 43

複数形の主語人称代名詞とêtreを声に出して練習してから、空欄を埋めましょう。

 ____	 ____	 ___	 _____

a. 私たちは学生です。　______ sommes étudiants.
b. 彼らは学生だよ。　_____ sont étudiants.
c. 彼女たちは学生だよ。　_______ sont étudiantes.
d. 君たちは学生だよ。　______ êtes étudiants.

ヒント
ils / elles /
nous / vous

分析　☑

音声 44

私は（が）～です：je suis	私たちは（が）～です：______ ________
君は（が）～です：tu es	君たち・あなた（たち）は（が）～です：______ ______
彼・彼女は（が）～です：il / elle est	彼ら・彼女たちは（が）～です：ils / ________ ______

練習しよう

聞こえた主語人称代名詞に○をして、être を主語に応じて活用しましょう。

音声 45

a. nous / vous ____________　**b.** ils / elles ____________　**c.** il / elle ____________

チェックしよう　☑敬語の時はtuの代わりにvousを使います。ただし、名詞・形容詞は単数形にします。
Tu es étudiant ? ➡（敬語）Vous êtes étudiant ?

Ⅲ フランス語の観察（2）：名詞・形容詞の単数形・複数形　🔊 音声 46

❶ 単数形と複数形の音を比べて、違いがあれば□に✓しましょう。

❷ 単数形と複数形のつづりを比べて、違いがあればその箇所に○をしましょう。

□ （単数）étudiant （複数）étudiants	□ （単数）étudiante （複数）étudiantes
□ （単数）enseignant （複数）enseignants	□ （単数）japonais （複数）japonais

分析
★名詞・形容詞の発音は、単数形と複数形で {□ 同じ｜□ 異なる}。
★名詞・形容詞の複数形＝名詞・形容詞の単数形＋__（単数形がsで終わる場合以外）。
★男女混合の場合は、名詞・形容詞の複数形を {□ 男性形｜□ 女性形} で用いる。

練習しよう

❶ 次の名詞・形容詞を複数形にしましょう。

a. avocat ➡ _____　**b.** chinois ➡ _____

c. employé ➡ _____　**d.** employée ➡ _____

❷ 次の文の主語が単数形か複数形かを選んで、□にチェックを入れましょう。

	単数	複数		単数	複数
a. Tu es étudiante ?	□	□	**b.** Elles sont françaises ?	□	□
c. Vous êtes américains ?	□	□	**d.** Nous sommes chinois.	□	□

Ⅳ 作文に挑戦　🔊 音声 47

語を並び替えて文を作りましょう。[ ] の動詞は活用して、{ } は正しい語を選ぶこと。

a. 君たち（男＋女）は従業員かい？

vous / {employé | employés} / [être]

➡ _____ ?

b. 私たち（女＋女）は弁護士です。

nous / {avocats | avocates} / [être]

➡ _____ .

25

Je ne suis pas français.

▶ 国籍や職業を訂正する

Ⅰ ことばの観察：否定する

🔊音声 49

空欄を埋めて、対応するフランス語を声に出してみましょう。

a. ミミは学生？

Mimi, tu es étudiante ?

b. ううん、私は学生じゃ＿＿＿よ。

— Non, je <u>ne suis pas</u> étudiante.

c. 歌手だよ。

Je suis chanteuse.

> 分析　★日本語の否定文には、一般的に「＿＿＿」を使う。
> ★フランス語では、＿＿＿ と ＿＿＿＿ を使うようだ。

Ⅱ フランス語の観察（1）：動詞の否定形

🔊音声 50

音声を聞き、答えの肯定文と否定文で違う箇所に○を付けて否定文のルールを探りましょう。

a. Minet est étudiant ?（ミネくんは学生？）

はい：　Oui, il est étudiant.

いいえ：Non, il n'est pas étudiant.

b. Vous êtes étudiant ?（あなたは学生ですか？）

はい：　Oui, je suis étudiant.

いいえ：Non, je ne suis pas étudiant.

c. Léa est japonaise ?（レアは日本人？）

はい：　Oui, elle est japonaise.

いいえ：Non, elle n'est pas japonaise.

d. Vous êtes italiennes ?（君たちはイタリア人？）

はい：　Oui, nous sommes italiennes.

いいえ：Non, nous ne sommes pas italiennes.

> 分析　★動詞の否定形は次のように作る：主語 ➡ ＿＿＿ ➡ ＿＿＿＿ ➡ ＿＿＿ ➡ ＿＿＿
> ★動詞が母音から始まる時、ne は ＿＿＿ になる。これをエリジオンと呼ぶ。
> ★「はい」は ｛ □ oui │ □ non ｝、「いいえ」は ｛ □ oui │ □ non ｝ で表す。
> ヒント ne(n') / pas / 動詞（êtreなど） / 国籍など

練習しよう

例にならって、質問に否定文で答えましょう。

例）Vous êtes japonaise ?　　— Non, je ne suis pas japonaise.

a. Tu es française ?　　　— Non, je ne ＿＿＿＿＿＿＿＿＿＿＿＿＿＿＿＿＿＿＿ .

b. Il est employé ?　　　— Non, ＿＿＿＿＿＿＿＿＿＿＿＿＿＿＿＿＿＿＿＿＿＿ .

c. Ils sont avocats ?　　　— Non, ＿＿＿＿＿＿＿＿＿＿＿＿＿＿＿＿＿＿＿＿＿＿ .

チェックしよう　☑特殊な変化をする名詞・形容詞はたくさんあります：acteur ➡ actrice（俳優）

Ⅲ フランス語の観察（2）：特殊な変化をする名詞・形容詞の女性形 🔊音声 51

絵と音声から特殊な変化をする形容詞のルールを探り、空欄を埋めましょう。

chanteur	chant_____	comédien	comédi_____	parisien	parisi_____
dans_____	danseuse	itali_____	italienne	suisse	suisse

ヒント -en / -enne / -eur / -euse

分析
☑

	-eur系	-ien系	不変化
男性形	-eur	-ien	-e
女性形	- _____	- _____	- __

★一部の名詞・形容詞の女性形は、男性形に e を付け足す以外の変化をする。
★ __ で終わる名詞・形容詞は男性形と女性形が同じ形。

練習しよう

男性形は女性形に、女性形は男性形の文に書き換えましょう。

a. Je ne suis pas serveur.　➡ _____ ne suis pas _____ .

b. Il est journaliste.　➡ _____ est _____ .

c. Ils sont italiens.　➡ _____ sont _____ .

d. Elle est danseuse.　➡ _____ est _____ .

Ⅳ 作文に挑戦 🔊音声 52

語を並び替えて文を作りましょう。[ ] の語は適切な形にして、{ } は正しい語を選ぶこと。

a. 私（女）はイタリア人ではありません。スイス人です。

je / {italien | italienne} / [être] / [ne] / pas　　je / [être] / [suisse]

➡ _____ .　_____ .

b. 彼はウエイターです。彼女はウエイトレスではありません。

il / [serveur] / [être]　　elle / [serveur] / [être] / [ne] / pas

➡ _____ .　_____ .

c. 彼らはパリジャンです。彼女たちはパリジェンヌではありません。

ils / [parisien] / [être]　　elles / [parisien] / [ne] / pas / [être]

➡ _____ .　_____ .

覚えたい単語 🔊音声 53

serveur ウエイター	serveuse ウエイトレス	journaliste 記者（男性）	journaliste 記者（女性）

✏️ 💬 Exercices 1

Ⅰ 下線部を埋めて左列は男性、右列は女性の国籍を紹介する文を完成させましょう。

例) Tu _es_ allemand.　　　　　　　　　　Tu _es_ allemande.

a. _____ est français.　　　　　　　_____ est _____ .

b. Il _____ portugais.　　　　　　Elle _____ _____ .

c. _____ suis anglais.　　　　　　　_____ suis _____ .

d. Tu _____ japonais ?　　　　　　Tu _____ _____ ?

Ⅱ 主語が単数形の文を完成させた後、主語が複数形の文に書き換えましょう。

　　　　　　　単数　　　　　　　　　　　　　　　　複数

a. Elle est étudiante.　　➡　_____ _____ _____ .

b. Tu es avocat ?　　➡　_____ _____ _____ ?

c. Je suis _____ .　➡　_____ _____ employés.

d. Il est _____ ?　➡　_____ _____ journalistes ?

e. Vous êtes fatiguée ?　➡　_____ _____ _____ ?

Ⅲ

①左列の [　　] にêtreの肯定形を、右列の [　　] にêtreの否定形を書きましょう。

②下線部の職業の性別を入れ替えて右列の ____ に書きましょう。

a. Vous [　　] chercheuse.　➡　Vous [　　　　　] _____ .

b. Il [　　] journaliste.　➡　Elle [　　　　　] _____ .

c. Nous [　　] danseurs.　➡　Nous [　　　　　] _____ .

d. Il [　　] cuisinier.　➡　Elle [　　　　　] _____ .

e. Je [　　] cuisinière.　➡　Je [　　　　　] _____ .

Ⅳ 次の日本語の文に対応するフランス語の文を書きましょう。

a.　私たち（男女）は、従業員ではありません。学生です。

➡　_____

b.　ミネ（Minet）とミミ（Mimi）はフランス人ではありません。彼らは日本人です。

➡　_____

c.　彼女たちは歌手ではありません。彼女たちはダンサーです。

➡　_____

28

Je n'habite pas à Tokyo.

私は、歌手なの！
M＿＿, j＿ s＿＿＿
c＿＿＿＿＿＿＿＿＿！

えっと…僕は歌の上手くない。
Euh … M＿＿, j＿ ＿＿
c＿＿＿＿＿ b＿＿＿ .

じゃあ、歌うのがとても上手なのね！ で、ミネは？ 歌うの上手？
T＿ c＿＿＿＿＿ b＿＿＿,
alors！ Et t＿＿?
E＿＿-c＿ qu＿ t＿
c＿＿＿＿＿ b＿＿＿?

でも…フランス語話すの上手だね！
Mais … V＿＿＿
p＿＿＿＿＿ b＿＿＿
f＿＿＿＿＿＿＿＿！

ありがとう！
Merci！

それで、2人は日本のどこに住んでいるの？ 東京？
Et ＿＿＿ h＿＿＿ -
v＿＿＿ ＿＿ Japon？
＿ Tokyo？

いやいや！
私たちは東京には住んでないよ。
Mais, non.
N＿＿＿ n'h＿＿＿＿＿＿
p＿＿ ＿ Tokyo.

じゃあ、どこに住んでいるの？
O＿＿＿ -
v＿＿＿ h＿＿＿＿＿＿,
alors？

僕は京都に住んでいるんだ。
ミミは大阪に住んでいるよ。
M＿＿, j'＿＿＿＿＿＿＿
Kyoto.
Et Mimi, e＿＿＿ h＿＿＿＿＿
＿ Osaka.

Ⅰ 日本語のセリフを見て、この章でできるようになることを3つ選びましょう。

□ 住んでいる場所を答える　　□ 兄弟の有無を話す　　□ 住んでいる場所を尋ねる

□ 物の紹介　　□ 上手・下手を言う　　□ 持ち物について話す

Ⅱ ①赤い文字の語句の意味やいつ使うかを（　）にa〜eを入れましょう。

　②音声を聞いて、それぞれの語句の音を確認しましょう。

（　）euh	（　）alors	（　）mais	（　）merci	（　）mais non

a. えっと　b. ありがとう　c. でも、しかし　d. いや、そんなことはない　e. それでは

Ⅲ この章が終わったら、残った ＿ を埋め、音声を聞いて確認しましょう。

Leçon 4

Tu danses bien !

▶ 特技や話せる言語を言う

I ことばの観察：動詞の活用

◀》音声 55

日本語の「話す」の活用形をローマ字にしてから、対応するフランス語を声に出してみましょう。

a. 私は英語を上手に話す。　　　　　（ hanasu ）
Je <u>parle</u> bien anglais.

b. 彼女は英語を上手に話さない。　　（　　　　　）
Elle <u>ne parle pas</u> bien anglais.

c. 私たちはフランス語を話している。（　　　　　）
Nous <u>parlons</u> français.

> 分析
> ★日本語では、「話す」の活用をローマ字で書くと、＿＿＿＿＿ の部分は変化しない。
> ★フランス語では、parlerの、＿＿＿＿ の部分（＝語幹）は変化しないようだ。
> ★bien（上手に）は、{ □主語の直後 | □動詞またはpasの直後 } に置くようだ。

II フランス語の観察（1）：原形と je の活用形

◀》音声 56

❶動詞の原形と je の活用形を声に出して練習しましょう。
❷原形と je の活用形で発音が異なる部分に○をしましょう。

原形：parler ➡je parle	原形：chanter ➡je chante	原形：danser ➡je danse

> 分析
> ★いずれの動詞も原形が - ＿＿ の2文字で終わっている。このような動詞は「第1群規則動詞」と呼ばれる。
> ★主語が je の時、最後の母音は { □原形と同じ /エ/ | □発音しない }。

練習しよう

例のように、動詞を je の活用形にしましょう。
例）ne pas danser ➡ <u>je ne danse pas</u>

a. cuisiner　　➡ je ＿＿＿＿＿＿＿　　**b.** travailler　　➡ ＿＿＿＿＿＿＿＿＿

c. ne pas fumer ➡ ＿＿＿＿＿＿＿　　**d.** ne pas chanter ➡ ＿＿＿＿＿＿＿＿＿

チェックしよう　☑言語名は、国籍の形容詞と同じ形ですが、注意が必要です。
彼女は日本語を話します。 ➡ Elle parle japonais. （×Elle parle japonaise.）

Ⅲ フランス語の観察（2）：第1群規則動詞の活用　　🔊音声 57

❶a～dの文を声に出して練習しましょう。

❷活用表の薄い文字を上から正しい形に修正しましょう。

❸人称ごとに、3つの動詞で共通する文字に○をしましょう。

a. Tu chantes, Minet ?

b. Non, nous dansons !

c. Vous dansez ... ?

d. Mimi chante. Thomas et Minet parlent.

parler		chanter		danser	
je parler	nous parlons	je chanter	nous chantons	je danser	nous danser
tu parles	vous parlez	tu chanter	vous chantez	tu danses	vous danser
il parle	ils parlent	il chanter	ils chantent	il danse	ils dansent
elle parle	elles parlent	elle chanter	elles chantent	elle danse	elles dansent

分析

je - __	nous - _____
tu - ___	vous - ___
il / elle - __	ils / elles - _____

★語末の発音は、je, ___ , ___ , _____ , _____ , _____ の時が同じ。

【練習しよう】

主語に合わせて（　　）の動詞を活用させましょう。

a. 彼女たちはフランス語を上手に話します。（parler） ➡ Elles _____ bien français.

b. あなたたちは上手に料理します。（cuisiner） ➡ Vous _____ bien.

c. 君は踊るのがうまくない。（ne pas danser） ➡ Tu ___ _____ ____ bien.

Ⅳ 作文に挑戦　　🔊音声 58

語を並び替えて文を作りましょう。[ ] は活用して、{ } は正しい語を選ぶこと。

a. 君は絵を描くのが上手？　tu / bien / [dessiner]

➡ _____ ?

b. ジャンはたばこを吸わない。Jean / [fumer] / ne / pas

➡ _____ .

c. 彼女たちは英語を上手に話さない。elles / {anglais | anglaise} / bien / [parler] / ne / pas

➡ _____

覚えたい単語　🔊音声 59

 cuisiner
料理する

 fumer
タバコを吸う

 travailler
働く

 dessiner
絵を描く

31

Leçon 5

単語 自己紹介の表現（2）　**文法** 第1群規則動詞（2）、場所の前置詞（1）、疑問副詞 où

J'habite au Japon.

▶ 場所についてやりとりする

I ことばの観察：場所を表す前置詞

◀)) 音声 60

ヒントを使って空欄を埋めて、対応するフランス語を声に出してみましょう。

a. どこ＿＿いるの？　　　　Tu es <u>où</u> ?

b. フランス＿＿いるよ。　　Je suis <u>en</u> France.

c. フランス＿＿住んでるの？　Tu habites <u>en</u> France ?

d. ううん、東京＿＿＿住んでるよ。

　　Non, j'habite <u>à</u> Tokyo.

e. パリ＿＿＿仕事してるの。　Je travaille <u>à</u> Paris.

ヒント で / に

分析
★日本語では、「居場所＋＿＿＿」、または「行為をする場所＋＿＿＿」で表す。
★フランス語では、「居場所」と「行為をする場所」を区別 {□ する｜□ しない} ようだ。
★地名の前の en や à を {□ 主語｜□ 場所の性質（町／国）} に応じて使い分けるようだ。

II 今日の表現：第1群規則動詞の活用

◀)) 音声 61

	j'habit___	nous habit_____		j'étudi___	nous étudi_____
	tu habit____	vous habit____		tu étudi___	vous étudi____
habiter	il habit___	ils habit_____	étudier	il étudi___	ils étudi_____
	je voyag___	nous voya**g** eons		je mang___	nous mang_____
	tu voyag___	vous voyag____		tu mang___	vous mang____
voya**ger**	il voyag___	ils voyag_____	man**ger**	il mang___	ils mang_____

ヒント -e / -ent / -ons / -eons / -es / -ez

★母音字や h で始まる動詞は、主語人称代名詞 je が ＿＿＿ になる（エリジオン）。
★母音字や h で始まる動詞は複数形の活用形の最初の音が {□ ザ行音｜□ サ行音} になる（リエゾン）。
★動詞が -ger で終わる場合、nous の活用形は -_____ になる。

練習しよう

次の動詞の活用形を書きましょう。

a. je ＋ habiter　➡ ＿＿＿＿＿＿＿

b. ils ＋ ne pas étudier　➡ ＿＿＿＿＿＿

c. nous ＋ manger ➡ ＿＿＿＿＿

d. tu ＋ ne pas habiter　➡ ＿＿＿＿＿＿＿

チェックしよう　☑居場所を伝える表現 ➡ être ＋ à / au / aux / en ＋ 都市・国
　　　　　　　Je suis à Tokyo.　僕は東京にいます。

32

III フランス語の観察：国や町につける前置詞と疑問副詞 où　　　◀) 音声 62

絵と音声から、国と町を示す表現のルールを見つけ、空欄を埋めましょう。☑

Je suis _____ France.		Je suis _____ Italie.		Je suis _____ Canada.
Je suis _____ Japon.		Je suis _____ Chine.		Je suis _____ États-Unis.複
Je suis ___ Paris.		Je suis à Tokyo.		Je suis _____ ?

ヒント à / au / aux / en / où

分析

どこ？	都市名	男性名詞の国名	女性名詞の国名	複数名詞の国名
_____ （疑問副詞）	à＋ 都市名	_____ ＋国名	_____ ＋国名	_____ ＋国名
		_____ ＋母音字・h始まりの国名		

練習しよう

適切な前置詞、または疑問副詞 où を下線部に入れましょう。

a. Minet habite _____ Paris ?　　　　　— Non, il habite _____ Osaka.

b. Mimi habite _____ Corée ?　　　　　— Non, elle habite _____ Japon.

c. Minet et Mimi voyagent _____ ?　　— Ils voyagent _____ Allemagne.

IV 作文に挑戦　　　　　　　　　　　　　　　　　　　　◀) 音声 63

語を並び替えて文を作りましょう。[ ] は活用して、{ } は正しい語を選ぶこと。

a. 彼はイギリスで働いていて、彼は英語を上手に話す。

il / Angleterre / {en｜aux} / [travailler] / il / anglais / bien / [parler]

➡ _____ et _____ .

b. 彼女はどこにいるの？　ー彼女はスペインで勉強している。

elle / où / [être]　　elle / Espagne / {à｜en} / [étudier]

➡ _____ ? — _____ .

c. 私たちはアメリカ合衆国とカナダを旅行します。

nous / Canada / {au｜aux} / États-Unis / {au｜aux} / et / [voyager]

➡ _____ .

覚えたい単語 ◀) 音声 64

Angleterre イギリス 　　**Allemagne** ドイツ 　　**Corée** 韓国 　　**Espagne** スペイン

33

Est-ce que vous habitez à Tokyo ?

▶ 質問をする

Ⅰ ことばの観察：質問をする　◀))音声 65

質問の意味になるように空欄を埋めて、対応するフランス語を声に出してみましょう。

a. 君はパリに住んでる？
Tu habites à Paris ?

b. 君はパリに住んでいる ___ ？
<u>Est-ce que</u> tu habites à Paris ?

c. 君はパリに住んでいます ___ ？
<u>Habites-tu</u> à Paris ?

d. うん！　パリに住んでるよ！
Oui, j'habite à Paris !

ヒント
・か
・の

分析　★日本語では、「 ＿ 」や「 ＿ 」を付けて質問することができる。
★フランス語の疑問文には ＿ 通りの作り方があるようだ。

Ⅱ フランス語の観察（1）：エスク疑問文　◀))音声 66

2種類の疑問文で異なる部分に○をして、エスク疑問文のルールを見つけましょう。

Tu es à Paris ? (— Oui. / — Non.) ≒ Est-ce que tu es à Paris ?	Il parle français ? (— Oui. / — Non.) ≒ Est-ce qu'il parle français ?
Minet habite **où** ? (— En France.) ≒ **Où** est-ce que Minet habite ?	Tu habites **où** ? (— Au Japon.) ≒ **Où** est-ce que tu habites ?

分析　★ ＿＿ - ＿＿ ＿＿ を文頭に付けて疑問文を作ることができる（エスク疑問文）。
★que は母音で始まる il や elle の前では、{ □ qu' | □ que } の形で用いる。
★エスク疑問文では、où などの疑問副詞を { □ エスクの前 | □ 文末 } に置く。

練習しよう

下線部を埋めてエスク疑問文を完成させましょう。

a. Minet parle bien français ? ➡ Est- ＿＿ ＿＿ Minet parle bien français ?

b. Il voyage à Paris ?　　　　　➡ ＿＿ -ce ＿＿ il voyage à Paris ?

c. Tu es où ?　　　　　　　　➡ ＿＿＿＿ ＿＿＿＿ -ce que tu es ?

チェックしよう　☑3種類の疑問文はおおむね次のように使い分けます。①文末の音を上げる疑問文：くだけた場面　②エスク疑問文：標準的な場面　③倒置疑問文：公式な場面

２種類の疑問文を比べて、どの単語がどこに移動するか矢印で示しましょう。また、追加された語や記号があれば○をしましょう。

Tu es au Japon ? Es-tu au Japon ?	Il est au Japon ? Est-il au Japon ?
Tu parles bien français ? Parles-tu bien français ?	Il parle bien français ? Parle-t-il bien français ?
Vous travaillez où ? Où travaillez-vous ?	Elle travaille où ? Où travaille-t-elle ?

> **分析**
> ★倒置疑問文の語順は、{ □ 主語 → 動詞 | □ 動詞 → 主語 }。
> ★倒置疑問文では où などの疑問副詞を { □文頭 | □文末 } に置く
> ☑ ★主語と動詞の間には、___ という記号が入る。
> ★主語と動詞の間の - の前後が母音の場合、____ の文字と - を追加する。

【練習しよう】

下線部を正しく倒置して、倒置疑問文に書き換えましょう。

a. <u>Vous parlez</u> bien anglais ? ➡ _____ bien anglais ?

b. <u>Il voyage</u> à Paris ? 　➡ _____ à Paris ?

c. <u>Tu es</u> où ? 　➡ Où _____ ?

語を並び替えて文を作りましょう。[ ] の動詞は活用して、{ } は正しい語を選ぶこと。

a. 彼女は英語を上手に話しますか？

elle / anglais / bien / [parler] / est-ce / {que | qu'} 　[ヒント] エスク疑問文

➡ _____ ?

b. あなたたちはアメリカで働いているんですか？　vous / États-Unis / aux / [travailler] / -
[ヒント] 倒置疑問文

➡ _____ ?

c. 私たちはイタリアでどこを旅行しましょうか？　nous / Italie / en / où / [voyager] / -

➡ _____ ?

【チェックしよう】　主語が人称代名詞でない場合、倒置疑問文は、特殊な語順になります。
×Est-Minet japonais ➡ Minet（名詞）est（動詞）-il（主語人称代名詞）japonais ?

Exercices 2

I 日本語の文に対応するように、【　】から動詞を選び、（　）に適切な形にして入れましょう。

　【 chercher, cuisiner, fumer, être, parler 】

a. 私たちは料理が上手だ。　　　Nous （　　　　　　） bien.

b. 彼はイギリス人ではない。　　Il （　　　　　） anglais.

c. あなたは英語を話しますか？　Vous （　　　　　　） anglais ?

d. 彼らはタバコを吸わない。　　Ils （　　　　　　　）.

e. ミネがミミを探している。　　Minet （　　　　　　） Mimi.

II （　　　）の動詞を活用させ、[　　]に適切な前置詞を書き、日本語にしましょう。

例）Tu (étudier : étudies) [à] Kyoto ?　　　　　　君は京都で勉強してるの？

a. Elles (travailler :　　　　　　)[　　] Paris.　　_____

b. Nous (habiter :　　　　　　)[　　] Canada.　　_____

c. Ils (être :　　　　)[　　　] États-Unis.　　_____

d. Il (voyager :　　　　　)[　　] Italie.　　_____

III 答えに対応する質問文を指示された形で書きましょう。

例）[エスク] <u>Est-ce que vous parlez français ?</u>　　— Oui, je parle français.

a. [エスク] _____　　— Non, nous ne chantons pas.

b. [倒置] _____　　— Il habite à Paris.

c. [エスク] _____　　— Elles étudient à Tokyo.

d. [倒置] _____　　— Non, ils ne sont pas japonais.

IV 日本語の文に対応するフランス語の文を書きましょう。

a. 　彼はアメリカ合衆国で働いており、英語を上手に話します。

➡ _____

b. 　彼女は中国語を話しますか？　ー いいえ、彼女は中国語が上手に話せません。

➡ _____

c. 　あなたたちはどこを旅行しますか？　ー 私たちはフランスとイタリアを旅行します。

➡ _____

Je n'ai pas de frère mais j'ai une sœur !

もしもし、トマ？
Allô, Thomas ?
うん…うん…
O_ _ ... O_ _ ...

トマ…？
Thomas ... ?

ごめんね、ミネ。
え〜と…どうしたの？
Désolée, Minet.
E_ _ ... qu'est-ce que
tu as ?

えーと、ミミの弟は「トウマ」
っていうんだよ！
_ _ _ _ , _ _
f_ _ _ _ _ _ _ Mimi
s'appelle "Toma" !

え、そうなの？ミネは？
兄弟姉妹はいる？
Ah, ou _ ? _ _ t_ _ ,
Minet? T_ _ _ _
f _ _ _ _ _ _ _
sœ _ _ _ ?

兄弟はいないけど、妹が1人いる
よ！
J _ _ '
f _ _ _ _ _ _ m_ _ _
j' _ _ _ _ _ sœ _ _ .

そうなの？ 2人はどこで食べる
の？ （私たち）一緒に食べる？
Ah bon ? Euh...
v_ _ _ m_ _ _ _ _ _ où ?
On m_ _ _ _ ensemble ?

喜んで！
Avec plaisir !

Ⅰ 日本語のセリフを見て、この章でできるようになることを3つ選びましょう。

□ 物や人を描写する　　　□ 自分の家族について話す　　　□ 特技について話す

□ 兄弟の有無について話す　　□ 他人の家族について話す　　　□ 職業について話す

Ⅱ ①赤い文字の語句の意味やいつ使うかを（　　）にa〜fを入れましょう。

②音声を聞いて、それぞれの語句の音を確認しましょう。

（　）allô	（　）qu'est-ce que tu as	（　）avec plaisir
（　）on	（　）désolé(e)	（　）ensemble

a. 喜んで　b. 謝罪する　c. もしもし　d. （くだけた場面で）私たち　e. どうしたの？
f. 一緒に

Ⅲ この章が終わったら、残った __ を埋め、音声を聞いて確認しましょう。

Leçon 7 — J'ai un frère.

単語 家族・身の回りにあるもの（1）　文法 avoir、不定冠詞と否定の de

▶ 兄弟姉妹やペット、持ち物の有無を伝える

Ⅰ ことばの観察：家族・ペット・持ち物の有無　◀ 音声 70

ヒントを使って空欄を埋めて、対応するフランス語を声に出してみましょう。

a. 私には兄が ＿＿＿＿ 。名前はトマです。
J'ai un frère. Il s'appelle Thomas.

b. 私たちは19歳です。
Nous avons 19 ans.

c. 私はネコを ＿＿＿＿ います。名前はフォンズィです。
J'ai un chat. Il s'appelle Fonzi.

d. 私は自動車を ＿＿＿＿ いません。
Je n'ai pas de voiture.

ヒント
・います
・飼って
・持って

分析
★日本語では、家族、持ち物を伝える動詞は ｛□ 1種類｜□ 数種類｝ ある。
★フランス語では、J'＿＿＿（否定する時は Je ＿＿＿＿＿ ＿＿＿＿＿）を用いるようだ。

Ⅱ 今日の表現：動詞 avoir　◀ 音声 71

人称ごとに avoir の活用形を声に出して練習し、空欄を埋めましょう。

avoir（持っている場合）		avoir（持っていない場合）	
j'＿ ＿	nous ＿ ＿ ＿ ＿ ＿	je n'＿＿ pas	nous n'avons pas
tu ＿ ＿	vous ＿ ＿ ＿ ＿	tu ＿＿＿ pas	vous ＿＿＿＿ ＿＿＿
il ＿	ils ont	il n'＿＿ ＿＿＿	ils ＿＿＿ ＿＿＿
elle ＿	elles ＿ ＿ ＿	elle ＿＿＿ pas	elles n'ont pas

ヒント　a / ai / as / avez / avons / n' / ont / pas

練習しよう

＿＿＿ に avoir の活用形を入れて、文を完成させ、声に出して読みましょう。☑

a. Emma, elle ＿＿＿ 22 ans ? — Non, elle ＿＿＿ 18 ans.

b. Emma et Thomas, ils ＿＿＿ 19 ans ? — Non, ils ＿＿＿ 18 et 20 ans.

c. Tu ＿＿＿ 19 ans ? — {Oui / Non}, ＿＿＿＿＿ 19 ans.

※自分のことを答えましょう。

チェックしよう　☑「私は〜歳です」の言い方　➡ avoir ＋数＋ ans
「私」以外の名前を言う表現　➡ il / elle s'appelle ...（彼／彼女の名前は…です）

38

Ⅲ フランス語の観察：不定冠詞と否定のde ◀》音声 72

絵と音声から、家族や持ち物などの有無を伝える時に用いる不定冠詞のルールを見つけて、空欄を埋めましょう。

j'ai		_ _ frère		_ _ _ sœur		_ _ _ voiture
		_ _ _ frères		_ _ _ sœurs		_ _ _ ordinateurs
je n'ai pas		_ 'ordinateur		_ _ voitures		_ _ frères et sœurs

ヒント de(d') / des / un / une

分析

	否定	単数	複数
男性名詞	＿＿＋名詞	＿＿＋名詞	＿＿＿＋名詞
女性名詞		＿＿＿＋名詞	

★否定する時は、単数（un, une）も複数（des）も ＿＿＿ （母音の前では d'）を使う。

★このdeは「否定のde」と呼ぶ。続く名詞にsを付けるかどうかは、自由。

練習しよう

絵を見て、ペットや持ち物の有無を伝える文を完成させましょう。

a. b. c. ×1 d.

Paul

moto　Paul a ＿＿＿＿ ＿＿＿＿＿ .

vélo　Il n'a pas ＿＿＿＿ ＿＿＿＿＿ .

frère　Il a ＿＿＿＿ ＿＿＿＿＿ .

chien　Il n'a pas ＿＿＿＿ ＿＿＿＿＿ .

Ⅳ 作文に挑戦 ◀》音声 73

語を並び替えて文を作りましょう。[　] の語は適切な形にして、{　} は正しい語を選ぶこと。

a. 君、兄弟いるの？　tu / frères / {des｜de} / [avoir]

➡ ＿＿＿＿＿＿＿＿＿＿＿＿＿＿＿＿＿＿＿＿＿＿＿＿＿＿＿＿＿＿＿＿＿ ?

b. 僕、ネコは飼ってないよ。　je / chats / {de｜des} / [avoir] / [ne] / pas

➡ ＿＿＿＿＿＿＿＿＿＿＿＿＿＿＿＿＿＿＿＿＿＿＿＿＿＿＿＿＿＿＿＿＿ .

c. 私たちは18歳ではありません。

nous / 18 ans / [ne] / pas / [avoir]

➡ ＿＿＿＿＿＿＿＿＿＿＿＿＿＿＿＿＿＿＿＿＿＿＿＿＿＿＿＿＿＿＿＿＿ .

覚えたい単語 ◀》音声 74

un chat ネコ	un chien イヌ	une moto オートバイ	un vélo 自転車

Leçon 8	単語 家族・身の回りにあるもの（2）　文法 定冠詞

Le frère de Léa s'appelle Thomas.

▶ 友人の家族や持ち物について話す

Ⅰ ことばの観察：不特定？ 特定？

 音声 75

空欄に「1人の」か「レアの」「ミミの」を入れて、対応するフランス語を声に出してみましょう。

a. レアには、＿＿＿＿＿＿ 兄がいます。トマと言います。
Léa a <u>un</u> frère. Il s'appelle Thomas.

b. ミミには、＿＿＿＿＿＿ 兄がいます。トウマと言います。
Mimi a <u>un</u> frère. Il s'appelle Toma.

c. ＿＿＿＿＿＿ 兄はパリに住んでいます。
<u>Le frère de Léa</u> (=Thomas) habite à Paris.

d. ＿＿＿＿＿＿ お兄さんは大阪に住んでいます。
<u>Le frère de Mimi</u> (=Toma) habite à Osaka.

分析
★日本語では、名前（＝トマ）だけでなく「レアの兄」で特定の人を表すことができる。
★フランス語では、{ □ un | □ le } frère で特定の個人を表せるようだ。
★「AのB」は、{ □ A de B | □ B de A } で表すようだ。

Ⅱ フランス語の観察（1）：定冠詞

音声 76

絵と音声から「特定の人／物」を指すルールを探り、空欄を埋めましょう。

	un père ＿＿ père de Léa		une **u**niversité l'**u**niversité de Léa		une mère ＿ ＿ mère de Léa
	un frère ＿＿＿ frère de Léa		un **o**rdinateur l'**o**rdinateur de Léa		une sœur ＿＿＿ sœur de Léa
	des parents ＿＿＿ parents de Léa		des frères ＿＿＿ frères de Léa		des sœurs ＿＿＿ sœurs de Léa

ヒント l' / le / la / les

分析

男性名詞単数	女性名詞単数	男女名詞複数
＿＿＿ ＋名詞	＿＿＿ ＋名詞	＿＿＿ ＋名詞
＿＿＿ ＋母音字・**h**始まりの名詞		

練習しよう

（　　）に定冠詞（le, la, l', les）を書きましょう。

a. （　　　　）clef de Léa　　**b.** （　　　　）sac de Mimi　　**c.** （　　　　）stylos de Léa

チェックしよう　☑定冠詞を使うのは？　・「すでに話題にした人や物」「相手に見せている人や物」を表す時。
・「世界にひとつしかない物」を表す時。　la tour Eiffel エッフェル塔

Thomas
Paris

Toma
Osaka

Ⅲ フランス語の観察（2）：否定文における冠詞

🔊音声77

絵を見てミネが持っているものに印をつけてから、音声を聞いて空欄に冠詞を入れましょう。

☐ かばん：Minet a _____ sac.

☐ レアのかばん：Il n'a pas _____ sac de Léa.

☐ 鍵：Minet a _____ clef.

☐ ミミの鍵：Il n'a pas _____ clef de Mimi.

☐ ペン：Il n'a pas _____ stylo.

ヒント de(d') / la / le / les / un / une

分析
★否定のde は「誰の」などを特定しない場合に用いる。
★持ち主などを特定したものを「持っていない」という時は
　　{ ☐de │ ☐le / la }＋名詞を用いる。

練習しよう

空欄を埋めて「持っていない」ことを表す文を完成させましょう。

	J'ai un stylo. ➡ Je n'ai pas de stylo.		J'ai le stylo de Mimi. ➡ Je n'ai pas ____ stylo de Mimi.
	J'ai un ordinateur. ➡ Je n'ai pas ____ ordinateur.		J'ai l'ordinateur de Minet. ➡ Je n'ai pas ____ ordinateur de Minet.
	J'ai des clefs. ➡ Je n'ai pas ____ clefs.		J'ai les clefs de Minet. ➡ Je n'ai pas ____ clefs de Minet.

Ⅳ 作文に挑戦

🔊音声78

語を並び替えて文を作りましょう。[ ] は正しい形にし、{ } は正しい語を選ぶこと。

a. トマには１人の妹がいる。トマの妹は学生だ。

Thomas / sœur / une / [avoir]　　Thomas / de / sœur / étudiante / [être] / {le │ la}

➡ _____ . _____ .

b. ミネのお父さんの名前はなんていうの？　（※名前を尋ねる→p.21）

Minet / de / père / {un │ le} / s'appelle

➡ _____ comment ?

c. 僕はレアの消しゴムは持っていないよ。

je / Léa / de / gomme / {de │ la} / [ne] / pas / [avoir]

➡ _____ .

覚えたい単語 🔊音声79

un stylo ペン	une gomme 消しゴム	une clef 鍵	un sac かばん

Leçon 9

単語 家族・友人　文法 所有形容詞

Ma sœur, elle est étudiante.

▶ 自分の兄弟について話す

Ⅰ ことばの観察：持ち主＋名詞

🔊 音声 80

空欄を埋めて日本語の文を完成させて、対応するフランス語を声に出してみましょう。

a. ミミのお兄さんは学生？

Le frère de Mimi est étudiant ?

b. ううん、＿＿＿＿＿のお兄さん(＝ミミのお兄さん)は弁護士だよ。

Non, <u>son frère</u> est avocat.

c. ＿＿＿＿＿のお兄さんは学生だよ！

<u>Mon frère</u> est étudiant !

ヒント 私の / 彼女の

> 分析
> ★日本語では、所有者を人称代名詞で表す時は、固有名詞で表す時と語順が
> {□同じ｜□異なる}。
> ★フランス語では、所有者を人称代名詞で表す時は、固有名詞で表す時と語順が
> {□同じ｜□異なる}。

Ⅱ フランス語の観察（1）：所有者が「私」の場合の所有形容詞

🔊 音声 81

絵と音声から「私」の所有を表す所有形容詞のルールを探り、空欄を埋めましょう。

私の＋le père = ＿ ＿ ＿ père		私の＋la mère = ＿＿ mère		私の＋les parents = ＿ ＿ ＿ parents	
私の＋le frère = ＿ ＿ ＿ frère		私の＋les sœurs = ＿ ＿ ＿ sœurs		私の＋la sœur = ＿ ＿ sœur	
私の＋le chien = ＿ ＿ chien		私の＋le chat = ＿ ＿ chat		私の＋les frères et sœurs = ＿ ＿ ＿ frères et sœurs	

ヒント ma / mes / mon

> 分析
>
> | 男性名詞単数 | 女性名詞単数 | 男女名詞複数 |
> |---|---|---|
> | ＿＿＿＿＋名詞 | ＿＿＿＋名詞 | ＿＿＿＿＋名詞 |
> ☑

練習しよう

「私の〜」を表す所有形容詞を埋めましょう。

a. (　　　) chat　**b.** (　　　) voitures　**c.** (　　　) gomme

d. (　　　) stylos　**e.** (　　　) ordinateur　**f.** (　　　) université

チェックしよう ☑母音字・hで始まる女性名詞は、所有形容詞を {□ 男性形｜□ 女性形} で使います：
私の＋l'université(大学)＝ **mon** université(×ma)

42

Ⅲ フランス語の観察（2）：所有者が「話し手」以外の所有形容詞 🔊音声 82

音声を聞いて空欄を埋めて、「私の」以外の所有形容詞のルールを見つけましょう。

a. 君のお父さんはどこで働いているの？

‑‑‑‑‑‑‑‑ père travaille où ?

b. 君のお母さんはどこで働いているの？

‑‑‑‑‑ mère travaille où ?

c. 君の両親はどこに住んでいるの？

‑‑‑‑‑‑‑‑ parents habitent où ?

d. 彼女のお父さんはパリで働いています。

彼女のお母さんはパリで働いています。

彼女の両親はパリに住んでいます。

‑‑‑‑‑‑‑‑ père travaille à Paris.

‑‑‑‑‑‑‑‑ mère travaille à Paris.

‑‑‑‑‑‑‑‑ parents habitent à Paris.

> ヒント
> sa / ses /
> son / ta /
> tes / ton

分析 ★持ち主の性別を {□ 区別する | □ 区別しない}。 🔊音声 83

～の	男性名詞 単数	女性名詞 単数	男女名詞 複数	～の	男性名詞 単数	女性名詞 単数	男女名詞 複数
私	mon＋名詞	ma＋名詞	mes＋名詞	私たち	notre＋名詞		nos＋名詞
君	t___＋名詞	__a＋名詞	_____＋名詞	君／あなたたち	votre＋名詞		vos＋名詞
彼／彼女	s___＋名詞	__a＋名詞	_____＋名詞	彼／彼女たち	leur＋名詞		leurs＋名詞

練習しよう

示された人物が所有者となるように、（　　）に適切な所有形容詞を入れましょう。

君	（　　　　）chat	（　　　　）ami	（　　　　）clef
彼	（　　　　）voiture	（　　　　）amie	（　　　　）vélo
彼女	（　　　　）chat	（　　　　）amies	（　　　　）clef

Ⅳ 作文に挑戦 🔊音声 84

語を並び替えて文を作りましょう。［　］の動詞は活用して、{　}は正しい選択肢を選ぶこと。

a. 君の大学はパリにあるの？　{ton | ta} / université / Paris / à / [être]

➡ _____ ?

b. 私のおじいさんは働いていないよ。　{mon | ma} / grand-père / [travailler] / ne / pas

➡ _____ .

c. 彼のおばあさんはどこに住んでいるの？　{son | sa} / grand-mère / où / [habiter]

➡ _____ ?

覚えたい単語 🔊音声 85

 un ami 友達（男性）

 une amie 友達（女性）

 **un grand-père** 祖父

 **une grand-mère** 祖母

43

Exercices 3

I [　] にavoirの活用形を、(　) に不定冠詞または否定のde を書きましょう。

a. Est-ce que vous [　] (　) chats ?　— Oui, nous [　] (　) chat.

b. Tu [　] (　) portefeuille ?　— Oui, j' [　] (　) portefeuille.

c. Paul et Marie, ils [　] (　) moto ?　— Non, ils [　] pas (　) motos.

d. Il [　] (　) frères et sœurs ?　— Non, il [　] pas (　) frères et sœurs.

II [　] にavoirの活用形を、(　) に定冠詞を書きましょう。

a. Emma [　] une sœur ?　— Oui, (　) sœur de Emma s'appelle Claudia.

b. Il [　] (　) sac de Paul ?　— Non, il [　] pas (　) sac de Paul.

c. Paul et Emma [　] un appartement. (　) appartement de Paul est à Paris.

d. Tu [　] un crayon ?　— Oui, j' [　] (　) crayon de Mimi.

III 例を参考に、[　] に適切な主語とavoirの活用形を書きましょう。

例) Son grand-père habite à Paris.　➡　[Il a] un grand-père. Il habite à Paris.

a. Ton chat s'appelle comment ?　➡　[　] un chat. Il s'appelle comment ?

b. Ma sœur habite à Paris.　➡　[　] une sœur. Elle habite à Paris.

c. Vos grands-parents habitent où ?　➡　[　] des grands-parents.

Ils habitent où ?

IV 例を参考に、(　) に適切な所有形容詞を書きましょう。

例) J'ai une voiture. (Ma) voiture est à Paris.

a. J'ai un chat. (　) chat s'appelle Minet.

b. Tu as une cousine ? (　) cousine travaille ?

c. Nous avons des grands-parents. (　) grands-parents habitent à Londres.

V 日本語の文に対応するフランス語の文を書きましょう。

a. 君の両親はロンドンにいるの？　— はい、私の両親はイギリスを旅行しています。

➡ _____

b. 彼女のお兄さんはトマ(Thomas)という名前です。彼はパリで働いています。

➡ _____

c. ソフィー(Sophie)はボーイフレンドのペンは持っているが、自分のペンは持っていない。

➡ _____

C'est mon téléphone.

ヤッホー、レア！
Coucou Léa !

私のお兄さんよ。
C'_ _ _ m_ _ f_ _ _ _ _ .

誰？
_ _ _ _ _ _ _ - _ _ ?

おお！ じゃあ、君がトマ？
こんにちは！ 僕、ミネ！
Oh ! Alors, c'_ _ _
t_ _ , Thomas ?
Bonjour ! M_ _ ,
c'_ _ _ Minet !

よろしく、ミネ！ よろしく、ミミ！
君たちにサンドイッチを持ってき
たよ！
Enchanté , Minet.
E _ _ _ _ _ _ _ _ , Mimi.
J'_ _ des sandwichs
pour v_ _ _ _ !

どう？ おいしい？
Alors ? C'est bon ?

はは！ ありがとう、ミネ。
Ha ha !
M_ _ _ _ _ , Minet.

うん！ すごくおいしい！
料理上手なんだね、トマ！
O _ , c'_ _ _ très
b_ _ !
T_ c_
b_ _ _ , Thomas !

おや？ なんだこれ？
この黒い電話、誰の？
Tiens ?
Qu'_ _ _ -
c'_ _ _ ?
... C_ t_ _ _ _ _ _ _ _
noir e_ _ à q_ _ ?

あ、僕のだ。ありがとう、トマ。
Ah, _' _ _ _ _ moi.
M_ _ _ _ _ , Thomas.

Ⅰ 日本語のセリフを見て、この章でできるようになることを3つ選びましょう。

☐ 物や人を紹介する　　☐ 物の色を言う　　☐ 誰の物かを尋ねる

☐ 道案内をする　　☐ 好き・嫌いについて話す　　☐ 兄弟の有無を話す

Ⅱ ①赤い文字の語句の意味やいつ使うかを（　）にa〜fを入れましょう。

②音声を聞いて、それぞれの語句の音を確認しましょう。

（　）coucou	（　）alors	（　）très
（　）(c'est) bon	（　）des sandwichs 男	（　）tiens

a. とても　b. 感想を求める　c. ヤッホー　d.（これは）おいしい（です）　e. 気づいた時
f. サンドイッチ

Ⅲ この章が終わったら、残った __ を埋め、音声を聞いて確認しましょう。

Ⅰ ことばの観察

🔊音声 87

＿＿＿を尋ねる文になるように空欄を埋めて、対応するフランス語を声に出してみましょう。

a. あれは ＿＿＿＿＿ ？
Qu'est-ce que c'est ?

b. あれは 私のバイク だよ。
C'est ma moto.

c. あれは ＿＿＿ ？
Qui est-ce ?

d. あれは 私の兄 だよ。
C'est mon frère.

ヒント
・だれ
・なに

分析
★日本語の質問では、{□ 物 | □ 人} には「だれ」、{□ 物 | □ 人} には「なに」を使う。
★フランス語の質問では {□ 物 | □ 人} には que(qu')、{□ 物 | □ 人} には qui を使うようだ。
★物や人を紹介するとき、フランス語では ＿＿＿＿＿ を使うようだ。

Ⅱ フランス語の観察：c'est と ce sont

🔊音声 88

絵と音声から、物や人を紹介する表現のルールを見つけて、＿＿＿ を埋めましょう。

---------- un stylo.	---------- Léa.	----- ---------- des chanteurs.
Ce n'est pas -------- université.	---------- un téléphone.	-------------------- des téléphones.
----- ----- ----- un stylo.	Ce sont -------- sacs.	Ce ne sont pas -------- stylos.

ヒント C'est / Ce n'est / Ce sont / Ce ne sont / pas / une / de / des

分析
★複数の物や人を話題にする時は、c'est ではなく ＿＿ ＿＿＿＿ の形で用いる。
★être の次にくる冠詞は、否定文の時に {□ 否定の de を用いる | □ un / une / des のまま用いる}。

チェックしよう ☑c'est と形容詞で物の性質を伝えることができます。この時形容詞は必ず男性形です。
Ta crêpe est bonne. 君のクレープはおいしい。➡ C'est bon. これ（君のクレープ）おいしい。

練習しよう

絵と下線部を比べて、「これは〜です / 〜ではありません」という文を完成させましょう。

	( ) <u>un cahier.</u>		( ) <u>un crayon.</u>
	( ) <u>Minet.</u>		( ) <u>des trousses.</u>

Ⅲ 今日の表現：「誰？」と「何？」　🔊音声 89

	.... est-ce ? C'est Léa.		.... est-ce .... c'est ? C'est un stylo.
	.... est-ce .... c'est ? Ce sont des livres.		.... est-ce ? Ce sont Léa et Thomas.

ヒント qui / que / qu'

★対象が「何」かを尋ねる時の表現： _____ - ___ _____ c'est ?

★対象が「誰」かを尋ねる時の表現： _____ est-ce ?

★対象の数に応じてこれらの表現は { □ 変化する | □ 変化しない } ようだ。

練習しよう

a 〜 d の質問への答えとしてふさわしい文を①〜④から選び（　）に書きましょう。

a. Qu'est-ce que c'est ?　（　　）　　b. Qui est-ce ?　　　　（　　）

c. Ce sont des crayons ?　（　　）　　d. C'est un chinois ?　（　　）

① — Non, ce ne sont pas des crayons.　② — C'est un livre.

③ — C'est Thomas.　　　　　　　　④ — Non, c'est un américain.

Ⅳ 作文に挑戦　🔊音声 90

語を並び替えて文を作りましょう。[ ] は正しい形にし、{ } は正しい語を選ぶこと。

a. （それは）アメリカ人（複数）ではありません。

américaines / {de | des} / {ce ne sont pas | ce n'est pas}

➡ _____ .

b. （これは）私のノートではありません。

ce / {mon | ma} / cahier / [ne] / pas / [être]

➡ _____ .

c. これは何ですか？　―これは私のお父さんのペンケースです。

c'est / {qu'est-ce que | qui}　　mon père / de / la trousse / {c'est | ce sont}

➡ _____ ? — _____ .

覚えたい単語　🔊音声 91

 un cahier ノート　　 un livre 本　　 une trousse ペンケース　　 un crayon 鉛筆　　

47

単語 大きさ、色を表す形容詞　　文法 名詞と形容詞の語順

J'ai une petite moto rouge.

▶ 対象の大きさや色を言う

Ⅰ ことばの観察：名詞と形容詞を組み合わせる　🔊音声 92

［　］の語で空欄を埋めて日本語の文を完成させて、対応するフランス語の音声を声に出しましょう。

a. バイク持ってる？
Tu as une moto ?

b. うん。[バイク＋赤い] ＿＿＿＿＿＿＿＿ を持ってるよ。
— Oui. J'ai une moto rouge.

c. [バイク＋小さい] ＿＿＿＿＿＿＿＿ だよ。
C'est une petite moto.

分析
★日本語では、名詞と形容詞を組み合わせる時の語順は「＿＿＿＿＿ → ＿＿＿＿＿」である。
★フランス語では、語順は ｛□１通り｜□２通り｝ ある。

Ⅱ フランス語の観察（１）：名詞＋形容詞　🔊音声 93

絵と音声から名詞と形容詞を組み合わせる時のルールを見つけて、＿＿＿ を埋めましょう。

un tee-shirt ＋rouge / rouge	une jupe ＋blanc / blanche	un ami ＋japonais/japonaise
J'ai un ＿＿＿ - ＿＿＿＿＿＿	J'ai une ＿＿＿＿＿＿ ＿＿＿＿＿＿	J'ai un ＿＿＿＿ ＿＿＿＿＿＿＿＿＿
des pantalons ＋noirs / noires	des chemises ＋bleus / bleues	une amie ＋chinois / chinoise
J'ai des ＿＿＿＿＿＿ ＿＿＿＿＿＿	J'ai des ＿＿＿＿＿＿ ＿＿＿＿＿＿	J'ai une ＿＿＿＿ ＿＿＿＿＿＿＿＿

分析
★名詞と形容詞を組み合わせる時、通常は形容詞を名詞の ｛□ 前｜□ 後ろ｝ に置く。
★形容詞は組み合わせる名詞の性・数に応じて、女性なら＿＿＿、複数なら＿＿＿ を付ける。
★blancは特殊な変化をして女性形では、＿＿＿＿＿＿＿＿＿＿＿ になる。

練習しよう
指示された服と色を使って、文を完成させましょう。
a. des jupes 　rouge　 J'ai des （　　　　　　　）（　　　　　　　）.
b. un pantalon 　bleu　 J'ai un （　　　　　　　）（　　　　　　　）.
c. une chemise 　blanc　 J'ai une （　　　　　　　）（　　　　　　　）.

チェックしよう　☑ひとつの名詞と複数の形容詞を組み合わせる場合
chat＋grand＋noir➡un grand chat noir　chat＋noir＋blanc➡un chat noir et blanc

Ⅲ フランス語の観察（2）：名詞と特殊な語順の形容詞　　🔊音声 94

音声を聞いて、名詞と形容詞 grand, petit, bon を組み合わせる時のルールを見つけましょう。

	une trousse + grand / grande		un sac + petit / petite		des crêpes + bons / bonnes
C'est une _____ trousse.		C'est un _____ sac.		Ce sont de _____ crêpes.	
	des livres + grands / grandes		des clefs + petite / petites		un croissant + bon / bonne
Ce sont de _____ _____ .		Ce sont ____ _____ _____ .		C'est ____ _____ _____ .	

分析　★grand, petit, bon は、名詞の {□ 前｜□ 後ろ} に置く。
　　　★複数を示す des は形容詞の直前では ____ にする。
　☑　★bon（おいしい）は特殊な変化をして女性形が bonne になる。

練習しよう

[　]の形容詞を適切な形にして、文を完成させましょう。

a. un chat [grand]　　➡ J'ai _____ .

b. une tarte [bon]　　➡ J'ai _____ .

c. des voiture [grand]　➡ J'ai _____ .

d. des livres [petit]　　➡ J'ai _____ .

Ⅳ 作文に挑戦　　🔊音声 95

語を並び替えて文を作りましょう。[　]は正しい形にし、{　}は正しい語を選ぶこと。

a.　私は白いネコを1匹飼っています。

{je｜j'}/{blanc｜blanche}/ chat / un /[avoir]

➡ _____ .

b.　あなたにはフランス人の女友達がいますか？

vous /{français｜françaises}/ amies /{de｜des}/[avoir] / est-ce que

➡ _____ ?

c.　私の父は日本車を持っていません。

mon / père /[japonais]/ voiture /{de｜une}/[avoir]/[ne]/ pas

➡ _____ .

覚えたい単語　🔊音声 96

noir/noire 黒	blanc/blanche 白	bleu/bleue 青	rouge/rouge 赤

Leçon 12

単語 身の回りにあるもの（4）　　文法 指示形容詞

Ce stylo est à qui ?

▶ 人や物を指し示して言う

Ⅰ ことばの観察：人や物を指し示す　　🔊音声97

絵を見て ＿＿ を埋めて日本語の文を完成させて、対応するフランス語を声に出しましょう。

a. ＿＿＿ 電話、誰のだろう？
Ce téléphone est à qui ?

b. ＿＿＿ 電話は私のだよ。
Ce téléphone est à moi.

ヒント
・この
・その

分析
★日本語では、自分のところにあるものは ｛□ この｜□ その｝＋名詞で指し示す。
★日本語では、相手のところにあるものは ｛□ この｜□ その｝＋名詞で指し示す。
★フランス語では、「この」と「その」の区別は ｛□ ある｜□ ない｝ ようだ。

Ⅱ フランス語の観察（1）：指示形容詞の変化　　🔊音声98

絵と音声から、「この」「その」と指し示す言い方のルールを探り、空欄を埋めましょう。

un sac ＿＿ sac	une trousse ＿＿＿＿＿ trousse	des lunettes ＿＿＿＿ lunettes
une université ＿＿＿＿＿ université	un stylo ＿＿ stylo	des sacs ＿＿＿＿ sacs
des livres ＿＿＿ livres	une gomme ＿＿＿＿＿ gomme	[例外] un ordinateur cet ordinateur

ヒント ce / ces / cette

分析
★自分・相手のところにあるものを指し示す場合、「指示形容詞」を使う。
★指示形容詞は後に続く名詞の性・数に応じて変化する。

男性名詞単数	女性名詞単数	男女名詞複数
＿＿＋名詞	＿＿＿＿＿＋名詞	＿＿＿＿＋名詞
＿＿＿＿＋名詞（母音字・h始まり）		

練習しよう

（　）に適切な指示形容詞（ce, cet, cette, ces）を書きましょう。

a. （　　　）portefeuilles　**b.** （　　　）chapeau　**c.** （　　　）ami
d. （　　　）montre　**e.** （　　　）crayons　**f.** （　　　）université

チェックしよう　☑強勢形の使い方：①僕、ミネだよ！ Moi, c'est Minet.（強調を示す）／②それは私のです。
Elle est à moi.（àなどの前置詞のあと）／③それは私だ。C'est moi.（être の後に置く）

50

III フランス語の観察（２）：人称代名詞の強勢形 ◀)) 音声99

音声を聞いて、「誰の物か」を尋ねる／答える表現のルールを見つけましょう。

Ce stylo est à qui ※ ?　※ à qui＝誰の (p.47参照)

Ce stylo est à ___	Ce stylo est à ___	Ce stylo est à ___	Ce stylo est à ___
Ce stylo est à ___	Ce stylo est à ___	Ce stylo est à ___	Ce stylo est à ___

ヒント elle / eux / lui / moi / nous / toi / vous / elles

分析

je → ___	tu → ___	il → ___	elle → ___
nous → ___	vous → ___	ils → ___	elles → ___

★「〜が」や「〜を」などの意味を含まない人称代名詞の形を強勢形と呼ぶ。

★「誰の物か」を言うときは être à ＋人称代名詞の強勢形で表す。

★「誰の物か」を尋ねるときは être à qui を用いる。

練習しよう

[　] の人称代名詞を強勢形にして、「誰の物か」を言う文を完成させましょう。

a. [je] Ce stylo est à _____ .

b. [elle] Cette gomme est à _____ .

c. [ils] Ces lunettes sont à _____ .

d. [tu] Ces ordinateurs sont à _____ .

IV 作文に挑戦 ◀)) 音声100

語を並び替えて文を作りましょう。[　] は正しい形にし、{　} は正しい語を選ぶこと。

a. そのパソコンは誰の？　—これは彼女のパソコンだよ。

{ce｜cet}/ ordinateur / qui / à / [être]　　[ce]/{son｜sa}/ ordinateur /[être]

➡ _____ ? — _____ .

b. この赤いかばんは誰のですか？　—そのかばんは僕のお父さんのです。

{ce｜cet}/rouge/sac/qui/à/[être]　　{ce｜cet}/ sac/mon/père/[être]/à

➡ _____ ? — _____ .

c. このイギリス人女性歌手たちは歌うのがあまり上手じゃない。

[ce]/ anglaises / chanteuses / bien / [chanter]/ ne / pas

➡ _____ .

覚えたい単語 ◀)) 音声101

 un chapeau 帽子　　 un portefeuille 財布　　 une montre 腕時計　　 des lunettes めがね

51

Exercices 4

I 例にならって、絵が示す物を紹介する文を書きましょう。

例. a.

b. c.

例）C'est un portefeuille. C'est le portefeuille de Léo.

a. _____

b. _____

c. _____

II 質問に否定文で答えましょう。

a. C'est une voiture ?　　　　　— _____

b. Ce sont des livres ?　　　　 — _____

c. Ce sont les dictionnaires de Minet ?　— _____

III 名詞に合わせて [　　] の形容詞を適切な形にして、文を完成しましょう。

a. une voiture [jaune]　　　　C'est _____ .

b. une trousse [petit]　　　　 C'est _____ .

c. des amis [français]　　　　Ce sont _____ .

d. un appartement [grand]　　C'est _____ .

e. un smartphone [vert]　　　C'est _____ .

IV 例にならって文を書き換えましょう。

例）C'est mon livre ?　　　　➡　Ce livre est à moi ?

a. C'est ton pantalon ?　　　➡　_____

b. C'est notre passeport ?　 ➡　_____

c. Ce sont ses chaussures ?　➡　_____

d. C'est ton ordinateur ?　　➡　_____

e. Ce sont vos valises ?　　　➡　_____

V 日本語の文に対応するフランス語の文を書きましょう。

a.　これは何ですか？　— フランス語の本です。

➡　_____

b.　私は大きなかばんは持っていません。でも、小さいかばんは持っています。

➡　_____

c.　この白い鍵は誰のですか？

➡　_____

Qu'est-ce que tu aimes ?

ミネ、何飲む？ コーヒー？
Qu'___ - ___ qu__
t_ b___ , Minet ?
__ __ c___ ?

もちろん！
Oui, bien sur !

レア、音楽聴くのは好き？
Léa, tu ai___
écouter de la musique ?

どのジャンル？
_ _ _ _ g_ _ _ d_
m_ _ _ _ _ _ _ ?

ロック？
じゃあ、この歌手は好き？
__ r___ ? Alors ,
tu ai___ __ __ __
chanteuse ?

あ、いや… 本当に？
Ah, mais ...
Vraiment ?

遠慮するよ。コーヒーはあまり
好きじゃないんだ。牛乳ある？
Non, merci.
Je n'___ p__
_ _ _ _ _ _ _ _ _ _
c___ .
Tu a_ __ l___ ?

うん、好きだよ！
O__ , j'_ _ _ _ _ _ _ .

ロックが好きだよ！
J'_ _ _ _ _ _ _ _ _
le rock !

どの歌手？
_ _ _ _ _
c_ _ _ _ _ _ _ _ _ ?

うん、確かにミミだよ。
O__ , o_ _ _ , c'_ _ _
bien elle. C'est Mimi.

Ⅰ 日本語のセリフを見て、この章でできるようになることを3つ選びましょう。

☐ 飲み物について話す　　☐ 道案内をする　　☐「どの〜」を尋ねる

☐ 位置について話す　　☐ 好き・嫌いについて話す　　☐ 持ち主を探す

Ⅱ ①赤い文字の語句の意味やいつ使うかを（　）にa〜fを入れましょう。

②音声を聞いて、それぞれの語句の音を確認しましょう。

（　）le rock	（　）bien sûr	（　）non, merci
（　）vraiment	（　）écouter de la musique	（　）bien

a. 結構です　b. 音楽を聴く　c. 本当に　d. 確かに　e. もちろん　f. ロック音楽

Ⅲ この章が終わったら、残った __ を埋め、音声を聞いて確認しましょう。

単語 食べ物、飲み物（1）　文法 部分冠詞

Tu manges du pain ou du riz ?

▶ 食べ物、飲み物について話す

Ⅰ ことばの観察：物の数や量のとらえ方　🔊 音声103

絵を見て下線の物の具体的な個数がわかる場合は、（　　）に個数を書きましょう。

● 何を食べる？
Qu'est-ce que tu manges ?

a. （　　　）➡ 私はクロワッサンを食べます。
Je mange <u>des croissants</u>.

b. （　　　）➡ 私はビスケットを食べます。
Je mange <u>des biscuits</u>.

c. （　　　）➡ 私はパンを食べます。
Je mange <u>du pain</u>.

● 何を飲む？
Qu'est-ce que tu bois ?

d. （　　　）➡ 私はコーヒーを飲みます。
Je bois <u>du café</u>.

分析
★物には、個数で表せる物とそうでない物がある。
★日本語では、個数で表せる場合と表せない場合を区別 { □ する | □ しない }。
★フランス語では、個数で表せる物には { □ du | □ des } を付け「切り分けた物」
や「液体」には、{ □ du | □ des } を付けるようだ。

Ⅱ フランス語の観察：部分冠詞　🔊 音声104

絵と音声から、個数で表せない物を表す時に用いる部分冠詞のルールを見つけましょう。

	j'ai ＿＿ café		j'ai ＿＿ ＿＿ soupe		j'ai ＿＿ ＿＿ 'eau
	j'ai ＿＿ pain		j'ai ＿＿ riz		j'ai ＿＿ ＿＿ salade
	j'ai ＿＿ bonbon		j'ai ＿＿＿ crêpe		j'ai ＿＿＿ croissants
	je n'ai pas ＿＿ pain		je n'ai pas ＿＿ soupe		je n'ai pas ＿'eau

ヒント de / d' / de l' / de la / du / des / un / une

チェックしよう　☑コーヒーなどの液体は個数で数えられませんが、喫茶店で注文する時「コーヒーひとつ」と言うのは自然です。　Un café, s'il vous plaît.

分析 ☑ ★個数で表せない液体などには不定冠詞の代わりに部分冠詞を使う。

	男性名詞単数	女性名詞単数	男女名詞複数	否定
正確な量	un＋名詞	une＋名詞	2, 3, 4...＋名詞	(pas)＿＿＿ ＋名詞
漠然 とした量	＿＿＿＋名詞	＿＿＿ ＿＿＿＋名詞	des＋名詞	
	＿＿＿ ＿＿'＋名詞（母音字・h始まり）			

練習しよう

（　）に適切な部分冠詞を書きましょう。

a. (　　　) poisson　**b.** (　　　) vin　**c.** (　　　) viande　**d.** (　　　) fromage

Ⅲ 今日の表現：動詞 manger, boire　🔊音声105

manger (→Leçon 5)	je mang＿＿	nous mang＿＿＿	boire	je ＿＿＿s	nous bu＿＿＿
	tu mang＿＿	vous mang＿＿		tu ＿＿＿s	vous bu＿＿
	il mang＿＿	ils mang＿＿＿		il ＿＿＿t	ils boi＿＿＿

ヒント -ge / -gent /-geons / -ges / -gez / bois / boit / boivent / buvez / buvons

練習しよう

（　　）にmangerまたはboireの活用を書きましょう。

a. manger：tu (　　　) de la soupe　**b.** boire：tu (　　　) du café

c. boire：elles (　　　) du café　**d.** manger：nous (　　　) des bonbons

Ⅳ 作文に挑戦　🔊音声106

語を並び替えて、文を作りましょう。[　]は正しい形にし、{　}は正しい語を選ぶこと。

a. 私はクロワッサン数個とスープを食べます。

je / croissants / {un | des} / et / soupe / {une | de la} / [manger]

➡ ＿＿＿＿＿＿＿＿＿＿＿＿＿＿＿＿＿＿＿＿＿＿＿ .

b. 私たちはワインを飲んで、パンを食べます。

nous / {un | du} / vin / [boire] / et / nous / pain / {du | un} / [manger]

➡ ＿＿＿＿＿＿＿＿＿＿＿＿＿＿＿＿＿＿＿＿＿＿＿ .

c. ジャンは肉を食べます、でも、魚は食べません。

Jean / viande / {de la | des} / [manger] il / poisson / {du | de} / ne / pas / [manger]

➡ ＿＿＿＿＿＿＿＿＿＿＿ mais ＿＿＿＿＿＿＿＿＿ .

覚えたい単語　🔊音声107

le vin
ワイン

le fromage
チーズ

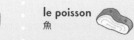
le poisson
魚

la viande
肉

55

Leçon 14

単語 食べ物、飲み物（2）　文法 「対象のイメージ」を表す定冠詞

J'aime le poisson.

▶ 食べ物や飲み物の好き嫌いを言う

Ⅰ ことばの観察：「好き・嫌い」の対象　◀音声108

（　）に下線の物が好きか嫌いかを書いて、対応するフランス語を声に出してみましょう。

a. 私はコーヒーが（　　　）です。

[□ J'aime | □ Je n'aime pas] le café.

b. （料理の魚）私は魚が（　　　）です。

[□ J'aime | □ Je n'aime pas] le poisson.

c. （生き物の魚）私は魚が（　　　）です。

[□ J'aime | □ Je n'aime pas] les poissons.

分析
★「好き・嫌い」を判断した時、どれぐらいの量かを意識 {□した | □しなかった}。
★フランス語では、「好き・嫌い」の対象には {□ un や du | □ le や les} を用いるようだ。

Ⅱ フランス語の観察：「対象のイメージ」を表す定冠詞　◀音声109

絵と音声から、「好き・嫌い」と共に用いる冠詞のルールを見つけて、＿＿を埋めましょう。

	Je mange du poisson. J'aime ＿＿ poisson.		Je mange de la viande. J'aime ＿＿ viande.
	J'ai des poissons. J'aime ＿＿ poissons.		J'ai un chat. J'aime ＿＿ chats.
	Je bois du café. Je n'aime pas ＿＿ café.		J'ai un chien. Je n'aime pas ＿＿ chiens.

分析
★個数で表せる物（不定冠詞＋名詞）には {□ le / la | □ les} を用いる。
★個数で表せない物（部分冠詞＋名詞）には {□ le / la | □ les} を用いる。
★否定文では定冠詞は {□ de になる | □ 肯定文と同じ}。

練習しよう
（　）に適切な冠詞を入れましょう。

a. Je mange du chocolat et j'aime（　　　）chocolat.

b. Je mange du gâteau et j'aime（　　　）gâteau.

c. Je mange des pâtes, mais je n'aime pas（　　　）pâtes.

d. Je ne bois pas de lait et je n'aime pas（　　　）lait.

チェックしよう　☑行為の好き嫌いを伝える：aimer＋動詞の {□ 現在形 | □ 原形}
J'aime travailler. / Je n'aime pas travailler.

56

絵と音声から好みの度合いを表す文を完成させて、声に出して練習しましょう。

❤	J'aime bien ça !		Je n'aime pas ça.	❤❤❤	Il ＿＿＿＿ le poisson.
				❤❤	Il ＿＿＿ ＿＿＿＿ la viande.
	Je déteste ça !		J'adore ça !!	❤	Il ＿＿＿ ＿＿＿ le lait.
				♥	Il ＿＿＿ ＿＿＿＿ le riz.
	J'aime beaucoup ça !		Je n'aime pas beaucoup ça.	♥♥	Il ＿＿＿ ＿＿＿ le chocolat.
				♥♥♥	Il ＿＿＿＿ le thé.

ヒント beaucoup / bien / [aimer] / [adorer] / [détester] / ne (n') / pas

分析
★「熱狂的に好きであること」は、動詞 ＿＿＿＿＿＿ で表す。
★「好きであること」は、＿＿＿＿＿ で表す。
★「嫌いであること」は、＿＿＿＿＿＿＿ で表す。
★「大好きであること」は、aimer ＋ ＿＿＿＿＿＿＿（たくさん）で表す。
★「結構好きであること」は、aimer ＋ ＿＿＿＿（良く・確かに）で表す。
★「これ」は、＿＿ で表す。

練習しよう

♥の数に応じて、好き・嫌いの程度を表す文を完成させましょう。

a. ♥ : J'（　　　　　）le thé.　　b. ❤❤❤ : Léa（　　　　）le café.

c. ♥♥♥ : Nous（　　　　）le gâteau.　　d. ♥ : Il（　　　　　）le lait.

語を並び替えて文を作りましょう。[　]は正しい形にし、{　}は正しい語を選ぶこと。

a. レアはイヌが大好きで数匹飼っている。

chiens / {le | les} / beaucoup / [aimer] / et / elle / chiens / des / [avoir]

➡ Léa ＿＿＿＿＿＿＿＿＿＿＿＿＿＿＿ .

b. 私たちは肉が嫌いで肉は食べない。

viande / la / [détester] / et / nous / viande / {de la | de} / ne / pas / [manger]

➡ Nous ＿＿＿＿＿＿＿＿＿＿＿＿＿＿＿ .

c. 君、イヌ好きなの？　ーうん。でもネコは好きじゃないよ。

tu / chiens / {le | les} / [aimer]　　mais / je / chats / {les | de} / [ne] / pas / [aimer]

➡ ＿＿＿＿＿＿＿＿＿＿＿ ? ─ Oui. ＿＿＿＿＿＿＿＿＿＿ .

覚えたい単語 🔊 音声 112

|  du chocolat チョコレート | du lait 牛乳 | du gâteau ケーキ | des pâtes パスタ | |

Leçon 15 — Quelle est ta profession ?

単語 月名　文法 疑問形容詞 quel

▶「ジャンル」を指定して質問する

I ことばの観察：疑問形容詞　◀)) 音声 113

空欄を埋めて日本語の文を完成させてから、対応するフランス語を声に出してみましょう。

a. 君の職業は ＿＿＿＿＿＿ ？

Quelle est ta profession ?

歌手だよ！ — Je suis chanteuse !

b. この歌手好き？　Tu aimes ce chanteur ?

＿＿＿＿＿＿ 歌手？ — Quel chanteur ?

ヒント
・何
・どの

分析　★日本語では、「＿」や「＿＿＿（何）＋名詞」でジャンルを指定して質問する。

★フランス語では、/＿＿＿/ と読む quel / quelle ＋名詞で「何」や「どの」を質問する。

II フランス語の観察（1）：疑問形容詞　◀)) 音声 114

絵と音声から、「どの・何」を表す時に用いる疑問形容詞のルールを見つけて、＿＿＿ を埋めましょう。

_ _ _ _ gâteau	_ _ _ _ _ _ crêpe	_ _ _ _ _ comédiens	_ _ _ _ _ _ _ comédiennes
_ _ _ _ chanteurs	_ _ _ _ _ comédien	_ _ _ _ _ chanteuse	_ _ _ _ _ _ chanteuses

ヒント　quel / quelle / quelles / quels

分析

	男性名詞	女性名詞
単数形	＿＿＿＿＿＋名詞	＿＿＿＿＿＿＿＋名詞
複数形	＿＿＿＿＿＋名詞	＿＿＿＿＿＿＿＋名詞

練習しよう

（　　）に適切な疑問形容詞を入れましょう。

a. l'âge　　　　　　　　　Tu as （　　　　　） âge ?　　　　　　君は何歳ですか？

b. les langues　　　　　　Tu parles （　　　　　） langues ?　　何語を話しますか？

c. les genres de musique　Tu aimes （　　　　　） genres de musique ?　どのジャンルの音楽が好き？

チェックしよう　☑日付は le 14 juillet 2020 または le 14 / 07 / 2020 のように、「le ＋[日][月][年]」の順に表記します。1日のみ、le 1er (premier) juillet 2020 になります。

58

Ⅲ フランス語の観察（2）：疑問形容詞の位置 🔊音声115

音声を繰り返して、動詞 être と用いる場合の疑問形容詞のルールを見つけましょう。☑

	Quel est ton nom ? — C'est Minet Tanaka.		Quelle est ta date de naissance ? — C'est le 6 janvier.
	Quelle est ta nationalité ? — Je suis japonais.		Quelle est ta profession ? — Je suis chanteur.

分析
★動詞が être の場合、{ □ quel ＋ être | □ quel ＋名詞 } の語順となる。
★quel は { □ être の後の名詞の性・数に合わせて | □ 常に quelle の形で } 使う。

練習しよう

_____ に疑問形容詞を入れて質問の文を完成させて、答えにふさわしい文と結びましょう。

a. _____ est sa nationalité ?　　　　・　　　　・ Il a 20 ans.

b. Il aime _____ genre de musique ?　・　　　　・ Il parle français.

c. _____ est son nom ?　　　　　　・　　　　・ Il aime la musique classique.

d. Il a _____ âge ?　　　　　　　　・　　　　・ C'est Thomas Lefélin.

e. Il parle _____ langue ?　　　　　・　　　　・ Il est étudiant.

f. _____ est sa profession ?　　　　・　　　　・ Il est français.

Ⅳ 作文に挑戦 🔊音声116

語を並び替えて文を作りましょう。[ ] は正しい形にし、{ } は正しい語を選ぶこと。

a. あなたたちは何語を話しますか？　ー私たちは英語と日本語を話します。

　langue / {quel | quelle} / [parler]　　　nous / anglais / et / japonais / [parler]

➡ Vous _____ ? — _____ .

b. レアはこの日本人歌手好き？　ーどの歌手？

　Léa / japonaise / chanteuse / cette / [aimer]　　　chanteuse / {quel | quelle}

➡ _____ ? — _____ ?

c. 彼の誕生日はいつ？　ー2月12日だよ

　date de naissance / sa / {quel | quelle} / [être]　　　le / février / 12 / c'est.

➡ _____ ? — _____ .

覚えたい単語 🔊音声117

1月 janvier	2月 février	3月 mars	4月 avril	5月 mai	6月 juin
7月 juillet	8月 août	9月 septembre	10月 octobre	11月 novembre	12月 décembre

Exercices 5

I 日本語の意味になるように、[　　]に manger か boire の活用形を、(　　)に不定冠詞か部分冠詞を入れましょう。

a. お茶か水を飲む？　　　　　　　Tu [　　　] (　　) thé ou (　　) eau ?

b. 私たちはクレープをひとつ食べる。　Nous [　　　　] (　　) crêpe.

c. 彼女は肉と野菜を食べる。　　　　Elle [　　　] (　　　) viande et (　　　) légumes.

d. 私は果物を食べる。　　　　　　Je [　　　] (　　) fruits.

e. 彼らはワインとビールを飲む。　　Ils [　　　] (　　) vin et (　　) bière.

II (　　)に適切な冠詞を入れて文を完成させましょう。

a. Mon père aime (　　　) bière. Il boit (　　) bière.

b. Les parents de Léa aiment (　　　) oranges. Ils mangent (　　　) oranges.

c. Moi, je n'aime pas (　　　) alcool. Je ne bois pas (　　　) alcool.

III 次の文を否定文に書き換えましょう。

a. Je mange des croissants.　　➡ _____

b. Nous buvons de l'alcool.　　➡ _____

c. Elles aiment les légumes.　　➡ _____

IV 答えに対応する質問文を疑問形容詞を使って書きましょう。

a. _____ — Elle a vingt ans.

b. _____ — Il aime le rock.

c. _____ — Nous parlons japonais et français.

d. _____ — Je suis japonaise.

e. _____ — Ma date de naissance,
　　　　　　　　　　　　　　　　c'est le 6 janvier.

V 日本語の文に対応するフランス語の文を書きましょう。

a. 私はアルコールは飲まないけど、コーヒーは飲む。

➡ _____

b. 私はアルコールは嫌いだけど、コーヒーは大好きだ。

➡ _____

c. 彼女の誕生日はいつですか？　— 彼女の誕生日は1月1日です。

➡ _____

60

Il y a un cinéma près d'ici ?

ごめんなさい。
Excusez-moi.

この近くに映画館はあるかしら？
Est - _ _ qu' _ _ _ _
un c _ _ _ _ _ près d'ici ?

レア、この近くに映画館ある？
Léa, _ _ _ _ un
c _ _ _ _ _ près d'ici ?

では、まっすぐ行って、2本目を
右に曲がってください。
Alors, c _ _ _ _ _ _ _ _ _ _

_ _ _ _ _ _ _ _ _ _
et pr _ _ _ _ _ la
_ _ _ _ _ _ _ _ _ r _ _
_ dr _ _ _ _ .

どうもありがとう。
どうも、ご親切に。
M _ _ _ _ b _ _ _ _ _ _ _ .
C' _ _ _ _ _ _ gentil.

はい？ こんにちは。
Ou _ ? B _ _ _ _ _ _ _ ,
m _ _ _ _ _ _ ?

え～と…うん、郵便局の近くに
映画館があるね。
Euh... Oui, oui.
_ _ _ _ _ _ u _
c _ _ _ _ _ _ _ _ _ _ _ _ _ _
_ _ _ p _ _ _ _ .

映画館は郵便局の正面、左手に
ありますよ。
L _ c _ _ _ _ e _ _
p _ _ _ _ _ , sur votre
gauche.

どういたしまして。
よい一日を！
Je vous en prie,
m _ _ _ _ _ !
B _ _ _ _ j _ _ _ _ _ _ !

Ⅰ この章でできるようになることを3つ選びましょう。

☐ 道案内をする   ☐ 体調を尋ねる・答える   ☐「～番目」を言う

☐ 日取りや方法を話す   ☐ 位置関係を言う   ☐「何」「誰」を尋ねる

Ⅱ ①赤い文字の語句の意味やいつ使うかを（ ）にa～fを入れましょう。

②音声を聞いて、それぞれの語句の音を確認しましょう。

（ ）merci beaucoup	（ ）gentil	（ ）je vous en prie
（ ）excusez-moi	（ ）sur votre gauche	（ ）près d' ici

a. ごめんなさい   b. お気になさらず   c. 丁寧にお礼をする   d. 優しい   e. この近くに
f. 左手に

Ⅲ この章が終わったら、残った __ を埋め、音声を聞いて確認しましょう。

Qu'est-ce qu'il y a sur le bureau ?

▶ 場面の描写をする

Ⅰ ことばの観察：物や人が存在するかを伝える　　🔊 音声119

物や人の有無を伝えるように文を完成させて、対応するフランス語を声に出しましょう。

a. 机の前には、ミネが { □ いる | □ ある }。
Devant le bureau, il y a Minet.

b. テーブルの上には ＿＿＿＿＿＿ が { □ いる | □ ある }。
Sur la table, il y a une télévision.

c. 棚の中には ＿＿＿＿＿ が { □ いる | □ ある }。
Dans l'étagère, il y a des livres.

ヒント 本 / テレビ

分析
★日本語では、物が存在することを「＿る」、人が存在することを「＿る」で表す。
★フランス語では、物も人も ＿＿＿＿＿＿ を使うようだ。

Ⅱ フランス語の観察：何があるか・ないかを伝える　　🔊 音声120

❶の絵を見ながら音声を聞いて、何があるか、ないかを伝えるルールを見つけましょう。

📚	---------- des livres	🖊	-------------------- de gommes	🐱	---------- Minet
🖥	---------- une télévision	🪑	---------- une table	🐈	---------- chien

ヒント de / il y a / il n'y a pas

分析
★ある空間に物・人が存在すると伝える時は、仮の主語 ＿＿＿＿ を使う。
★このように仮の主語を使う文を「非人称構文」と呼ぶ。

練習しよう

❶の絵にある（ない）ことを表す文を完成させましょう。

a. une étagère： ＿＿＿＿＿＿＿＿＿＿＿＿＿＿＿＿＿＿＿＿＿＿＿＿ étagère.

b. un lit： ＿＿＿＿＿＿＿＿＿＿＿＿＿＿＿＿＿＿＿＿＿＿＿＿ lit.

c. une chaise： ＿＿＿＿＿＿＿＿＿＿＿＿＿＿＿＿＿＿＿＿＿＿ chaise.

d. un bureau： ＿＿＿＿＿＿＿＿＿＿＿＿＿＿＿＿＿＿＿＿＿＿ bureau.

チェックしよう　☑物や人がどこにある（いる）かを伝える時は être を使う。（➡ leçon 6）
Le crayon est dans la trousse.（鉛筆があるのはペンケースの中）

Ⅲ 今日の表現：場所の前置詞

◀》音声 121

絵と音声から、位置を表す表現を整理しましょう。

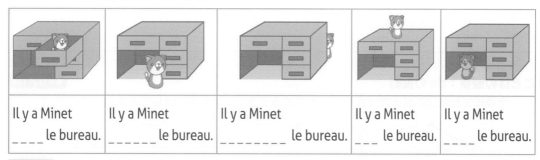

Il y a Minet _ _ _ _ le bureau.	Il y a Minet _ _ _ _ _ _ le bureau.	Il y a Minet _ _ _ _ _ _ _ _ le bureau.	Il y a Minet _ _ _ le bureau.	Il y a Minet _ _ _ _ le bureau.

ヒント sur / sous / devant / derrière / dans

★ 場所などを示す語は、名詞の {□ 前 | □ 後ろ} に置くので、前置詞と呼ばれる。 ☑

★ il y a の文では前置詞の後に {□ 不定冠詞(un など) | □ 定冠詞(le など)} が来ることが多い。

練習しよう

イラストを見てどこに何があるかを伝える文を完成させましょう。

a. Il y a _____ sur le bureau.

b. Il y a _____ devant la table.

c. Il y a _____ derrière la télévision.

d. Il y a _____ sous le bureau.

e. Il y a _____ et _____ dans l'étagère.

ヒント un chat / une chaise / un bonbon / un livre / des livres / un sac

Ⅳ 作文に挑戦

◀》音声 122

語を並び替えて文を作りましょう。[　] は正しい形にし、{　} は正しい語を選ぶこと。

a. 机の上にパソコン 1 台と数冊の本がある。

il / le bureau / sur / ordinateur / un / livres / des / a / y / et

➡ _____ .

b. かばんの中に鍵がない。

il / le sac / dans /{une｜des｜de}/ clefs / [ne] / pas / y / a

➡ _____ .

c. 車の後ろにイヌはいない。ネコが 3 匹いる。

la voiture / {devant｜derrière} / de chien / il n'y a pas　　il y a / chats / trois

➡ _____ . _____ .

覚えたい単語 ◀》音声 123

un lit ベッド	une étagère 棚	une chaise 椅子	un bureau 机

63

単語 街の施設 ／ 文法 de と定冠詞の縮約、前置詞

C'est à côté du cinéma.

▶ どんな施設の近くに住んでいるかを言う

Ⅰ ことばの観察：de の役割　◀»音声124

＿＿ を埋めて日本語の文を完成させて、対応するフランス語を声に出してみましょう。

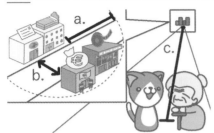

a. ホテル ＿＿ 近くに銀行があります。
Il y a une banque près <u>de</u> l'hôtel.

b. 郵便局 ＿＿ 正面です。
C'est en face <u>de</u> la poste.

c. でも、ホテルはここ ＿＿＿ 遠いです。
Mais l'hôtel est loin <u>d'</u>ici.

> ヒント
> ・から
> ・の

> 分析
> ★日本語で、名詞と名詞を結び付ける時は「 ＿ 」を使う。
> ★日本語で、ある場所と距離がある場合は「ここ ＿＿＿ 遠い」という。
> ★フランス語では、どちらの場合にも ＿＿＿ (d') を使うようだ。

Ⅱ フランス語の観察：前置詞 de ＋定冠詞　◀»音声125

絵と音声から、前置詞 de の後に定冠詞が来る時のルールを見つけて、près de と定冠詞を組み合わせて声に出してみましょう。

de ＋ <u>le</u> café = _ _ café	de ＋ la poste = _ _ _ poste	de ＋ l'hôpital = _ _ _ 'hôpital
de ＋ la gare = _ _ _ _ gare	de ＋ la banque = _ _ _ _ banque	de ＋ le restaurant = _ _ restaurant
de ＋ l'hôtel = _ _ _ 'hôtel	de ＋ le cinéma = _ _ cinéma	de ＋ les toilettes = _ _ _ toilettes

ヒント de / du / des / la / l'

> 分析
>
> | 男性名詞単数 | 女性名詞単数 | 男女名詞複数 |
> |---|---|---|
> | de ＋ le ➡ ＿＿＿＿ | de ＋ la ➡ ＿＿＿＿ | de ＋ les ➡ ＿＿＿＿ |
> | 母音字・h 始まり：de ＋ l' ➡ ＿＿＿＿ | | |
>
> ★de と定冠詞が 1 つの単語になることを縮約と呼ぶ。

チェックしよう ☑ 2 つの語をつなげる「A の B」は、フランス語では語順が「B de A」になる。
「レアの本」➡ le livre de Léa　郵便局の近く ➡ près de la poste

_____ を埋めて、文を完成させましょう。

a. J'habite près _____ château.　　**b.** J'habite près _____ bibliothèque.

c. J'habite près _____ école.　　**d.** J'habite près _____ musée.

Ⅲ 今日の表現：位置関係を示す表現　　🔊音声126

 .... de　　 .... de　　 .... de　　 .... de

ヒント à / côté / en / face / loin / près

練習しよう

地図を見て、de と定冠詞の縮約に注意しながら位置関係を示す表現を _____ に入れましょう。

a. Le restaurant est _____ banque.

b. Le cinéma est _____ hôtel.

c. La poste est _____ café.

d. L'hôtel est _____ gare.

e. La bibliothèque est _____ cinéma.

Ⅳ 作文に挑戦　　🔊音声127

語を並び替えて文を作りましょう。[ ] は正しい形にし、{ } は正しい語を選ぶこと。

a. お城の近くにいるの？　－ううん、駅の隣にいるよ。

tu / château / {du | de l'} / près / [être]

non / {je | j'} / gare / {de la | du} / à / côté / [être] / ,

➡ _____ ? — _____ .

b. 彼女は学生です。彼女の大学は博物館の正面にあります。

elle / étudiante / [être]

université / son / musée / {de la | du} / {face | côté} / {à | en} / [être]

➡ _____ . _____ .

c. 君のお姉さんは駅の近くで働いているの？

{ton | ta} / sœur / gare / {la | l'} / de / {loin | près} / [travailler]

➡ _____ ?

覚えたい単語 🔊音声128

un château
城

un musée
博物館

une bibliothèque
図書館

une école
学校

65

Prenez la deuxième rue à droite.
▶ 道案内をする

Ⅰ ことばの観察：行為を促す表現　　　　🔊音声129

空欄を埋めて日本語の文を完成させて、対応するフランス語を声に出してみましょう。

a. 2本目を右に ＿＿＿＿＿＿＿！

Prends la deuxième
rue à droite.(tu)

b. 2本目を右に ＿＿＿＿＿＿＿。

Prenez la deuxième
rue à droite.(vous)

c. 2本目を右に ＿＿＿＿＿＿＿！

Prenons la deuxième
rue à droite.(nous)

ヒント 曲がって / 曲がって下さい / 曲がろう

 分析
★日本語では、行為を促す時には、親しい間柄：する ➡ し＿
　　丁寧語：する ➡ し＿下さい　聞き手を一緒に誘う時：する ➡ しよ＿
★フランス語では、すべて「命令形」を使う。命令形には｛□ 主語｜□ 動詞｝がない。

Ⅱ フランス語の観察：命令形　　　　🔊音声130

音声を聞いて、命令形の活用に関するルールを見つけましょう。

prendre	tu prends ➡ prends nous prenons ➡ prenons vous prenez ➡ ＿＿＿＿＿＿	continuer	tu continu**es** ➡ continu**e** nous continuons ➡ continu＿＿＿＿＿ vous continuez ➡ continu＿＿＿＿
boire	tu bois ➡ ＿＿＿＿＿ nous buvons ➡ buv＿＿＿＿ vous buvez ➡ ＿＿＿＿＿	fumer	tu ne fumes pas ➡ ne fume pas nous ne fumons pas ➡ ne fum＿＿＿＿ pas vous ne fumez pas ➡ ne fum＿＿＿ pas

ヒント bois / buvez / buvons / fumez / fumons / continuez / continuons / prenez

 分析
★命令形は、tu, nous, vous の活用と ｛□ 基本的に形が同じ｜□ まったく異なる｝。
★原形がer で終わる動詞は、tu の時だけ語尾のs が消える。
★活用の例外：être ➡ sois, soyons, soyez / avoir ➡ aie, ayons, ayez

練習しよう

示された動詞と人称の命令形を書きましょう。

a. tu manges ➡ ＿＿＿＿＿＿＿

b. vous ne parlez pas ➡ ＿＿＿＿＿＿＿＿

c. tu ne bois pas ➡ ＿＿＿＿＿＿

d. nous chantons ➡ ＿＿＿＿＿＿＿

チェックしよう ☑prendre(とる)のさまざまな意味：Je prends un sac.（かばんを手に取る）
Je prends la deuxième rue à droite.（進路として〜を選ぶ＝道を曲がる）

Ⅲ 今日の表現（1）：「〜番目」を表す序数詞　🔊音声131

1（un）➡ _____ feu	_____ rue	2（deux）➡ _____ feu / rue
3（trois）➡ _____ feu / rue		4（quatre ）➡ _____ feu / rue

ヒント deuxième/premier/première/quatrième/troisième

★序数詞は、 1番目は特別な形を使うが、基本的に「数字＋ _____ 」の形となる。

★省略する時は、1^{er}や1^{ère}、2e、3e...のように表記する。

Ⅳ 今日の表現（2）：道案内の表現　🔊音声132

	prendre la rue _ _ _ _ _ _		continuer _ _ _ _ _ _		prendre la rue _ _ _ _ _ _

ヒント à droite / à gauche / tout droit

★まっすぐに＝_____ _____　　右に＝___ _____　　左に＝___ _____

練習しよう　🔊音声133

音声を聞いて下線部を埋めて、A〜Fのどの地点に案内されているかを（ ）に書きましょう。

a. Continuez tout droit. Prenez la ___^e rue à gauche. （ ）

b. Continuez tout droit. Prenez le ___^{er} feu à droite. （ ）

c. Continuez tout droit. Prenez la ___^e rue à droite. （ ）

Ⅴ 作文に挑戦　🔊音声134

語を並び替えて文を作りましょう。[ ] は正しい形にし、{ } は正しい語を選ぶこと。

a. 郵便局を探しています。　ーまっすぐ進んでください。

je / la poste / [chercher]　　tout / {droit | droite} / [continuer].

➡ _____ . ー _____ .

b. 2つ目の信号を左に曲がってください。

deuxième / feu / {droite | gauche} / à / [prendre] / le

➡ _____ .

c. 1つ目の道を右に曲がってください。映画館の正面です。

{premier | première} / rue / la / {droite | gauche} / à / [prendre]
cinéma / du / face / en / c'est

➡ _____ . _____ .

覚えたい単語 🔊音声135

 chercher 探す

 une rue 道

 un feu 信号

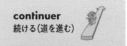 continuer 続ける（道を進む）

I 例にならって絵の中の物の有無を表す文を完成させましょう。

例.

a.　　b.

c.　　d.

例）[Il y a une gomme] dans (la trousse).

a. [　　　　　　　　　] sous (　　　　　　　　).

b. [　　　　　　　　　] sur (　　　　　　　　).

c. [　　　　　　　　　] derrière (　　　　　　　　).

d. [　　　　　　　　　] devant (　　　　　　　　).

II 例にならって絵が示す位置関係を伝える文を完成させましょう。

例.　a.

b.　c.

d.

例）Le café est à côté (de l'école).

a. Le cinéma est à côté (　　　　　　　　).

b. La poste est en face (　　　　　　　　).

c. Le banque est à côté (　　　　　　　　).

d. Le château est loin (　　　　　　　　).

III 次の文を命令形の文に書き換えましょう。

a. Tu manges des légumes.　➡　_____ !

b. Nous prenons un café.　➡　_____ !

c. Vous buvez du lait.　➡　_____ !

d. Tu ne marches pas.　➡　_____ !

e. Tu bois de l'eau.　➡　_____ !

IV 日本語の文に対応するフランス語の文を書きましょう。

a. あなたのかばんの中には何がありますか？　— 財布と本が数冊入っています。

➡　_____

b. こんばんは。郵便局を探しているんですが…。— 4本目の道を右に行ってください。

➡　_____

c. 映画館の正面に病院があります。そして、郵便局は病院の隣にあります。

➡　_____

On va où ? Quand ? Comment ? Qui vient ?

もしもし、ミネ？ レアだよ！
A＿＿＿, Minet ?
C'＿＿＿ Léa !

どこにいるの？
Tu es ＿＿ ?

週末、映画館行く？
On va ＿＿ cinéma ce week-end ?

いつが暇？
＿＿＿＿＿＿ est-ce ＿＿＿ tu es libre ?

何を見る？
＿＿'＿＿＿ -ce ＿＿'on regarde ?

完璧だ！ で、誰が来るの？
Parfait !
Et ＿＿＿ vient ?

じゃあ、カフェ前で約束ね！
Alors, rendez-vous d＿＿＿＿＿ l c＿＿＿ !

いえ、徒歩よ！
Non, ＿ p＿＿＿ !

やあ、レア！
S＿＿＿＿＿, Léa !

ホテルだよ。
Je ＿＿＿＿＿
＿＿'hô＿＿＿ !

いい考えだね！
Bonne idée !

例えば明日とか？
D＿＿＿＿＿＿, par exemple.

フランス映画見る？
＿＿ regarde un film français?

トマとミミだよ。
Thomas ＿＿ Mimi !

それで、映画館にはどうやって行くの？ バス？
Et ＿＿＿＿＿＿＿
est-ce ＿＿'＿ ＿＿
＿＿＿＿＿＿＿ ?
＿＿＿＿＿＿＿ ?

Vendredi　Samedi　Dimanche

Ⅰ この章でできるようになることを３つ選びましょう。

- □ 過去の出来事について話す
- □ 注文をする
- □ どこに行くかを言う
- □「誰」「何」を尋ねる
- □ 道案内をする
- □ 日取りや行き方を決める

Ⅱ ① 赤い文字の語句の意味やいつ使うかを(　)にa～fを入れましょう。
② 音声を聞いて、それぞれの語句の音を確認しましょう。

(　) rendez-vous	(　) parfait	(　) Bonne idée !
(　) regarder (un film)	(　) par exemple	(　) libre

a. 完璧　b. (映画を)見る　c. いい考え　d. 暇　e. 会う約束　f. 例えば

Ⅲ この章が終わったら、残った ＿＿ を埋め、音声を聞いて確認しましょう。

Leçon 19 Qu'est-ce que tu cherches ?

▶「誰？」や「何？」を尋ねる

Ⅰ ことばの観察：何と誰

🔊音声137

［ ］について尋ねる文になるように空欄を埋めて、対応するフランス語を声に出しましょう。

a. ［物］＿＿＿＿＿＿ 食べているの？　Qu'est-ce que tu manges ?

b. ［物］ここは何がおいしいの？　Qu'est-ce qui est bon ici ?

c. ［人］＿＿＿＿＿＿ 探しているの？　Qui est-ce que tu cherches ?

d. ［人］えっと…。誰が歌っているの？　Euh ... Qui est-ce qui chante ?

ヒント 誰を／何を

分析
★日本語では、物については「 ＿ が／を」、人については「 ＿ が／を」で質問する。
★フランス語では、物については que（ ＿＿＿＿ '）、人については ＿＿＿＿＿＿ を使う。

Ⅱ フランス語の観察：主語と目的語について尋ねる

🔊音声138

絵と音声から疑問代名詞 qui と que で主語と目的語を尋ねるルールを考えましょう。 ☑

Léa aime ＿ ＿ ＿ ? ＿ ＿ ＿ est-ce que Léa aime ?		Léa aime ＿ ＿ ＿ ＿ ? ＿ ＿ 'est-ce que Léa aime?	
Léa cherche qui ? ＿ ＿ ＿ est-ce que Léa cherche ?		Léa cherche quoi ? ＿ ＿ 'est-ce que Léa cherche ?	
＿ ＿ ＿ est là ? Qui est-ce ＿ ＿ ＿ est là ?		Qu'est-ce ＿ ＿ ＿ est là ?	

ヒント qu' / qui / quoi

分析
★エスク文の est-ce que は、「誰が」「何が」を尋ねる時だけ est-ce ＿＿＿＿＿＿ になる。
★主語を尋ねる場合、動詞は {□ 1人称 | □ 2人称 | □ 3人称} 単数の活用を使う。
★{□ 人 | □ 物} が主語のとき、文末の音を上げる疑問文にはしない。

練習しよう

（ ）に適切な疑問詞代名詞を入れて、下線部を尋ねる文をつくりましょう。

a. Tu manges（   ）? — Je mange du chocolat.

b. （   ）est-ce（   ）chante bien ? — Mimi chante bien.

c. （   ）est-ce（   ）tu aimes ? — J'aime bien Minet.

チェックしよう ☑主語を尋ねる文には、倒置疑問文が存在しません。
誰・何を：Qui regardes-tu ?／Que regardes-tu ?　　誰・何が：× Est-qui ?／Est-que ?

Ⅲ 今日の表現：faire（する、つくる）とprendre（とる、選択する） 🔊音声139

①	je fais	nous fais_____	②	je prends	nous prenons
	tu _____s	vous fait_____		tu _____ds	vous prenez
faire	il _____t	ils f_____	prendre	il _____d	ils pren_____

ヒント ①fais / faisons / fait / faites / font　②prend / prends / prennent

★faire の nous の活用形は、例外的に ai を / _____ / と読む。

・faireとprendreを使った表現

	faire du _____		faire les _____		faire le _____
	prendre une _____		prendre le _____		prendre un _____

ヒント café / magasins / ménage / dîner / photo / sport

練習しよう

（　　） にfaireかprendreの活用を入れて、文を完成させましょう。

a. Qui est-ce qui（　　　　） le petit déjeuner ?　朝食をとるのは誰ですか？

　— Nous（　　　　） le petit déjeuner.　私たちは朝食をとります。

b. Tu（　　　　） quoi ?　何をしているの？

　— Je（　　　　） des photos.　写真を撮っています。

c. Qui（　　　　） la cuisine ?　誰が料理するの？

　— C'est Léa. Moi, je ne（　　　　） pas la cuisine.　レアだよ。僕は料理しないの。

d. Qu'est-ce que vous（　　　　）? Le ménage ?　何をしているんですか？　掃除ですか？

Ⅳ 作文に挑戦 🔊音声140

語を並び替えて文を作りましょう。[ ] は正しい形にし、{ } は正しい語を選ぶこと。

a. 誰がサッカーをするんですか？　qui / du foot / [faire] / {est-ce qui | est-ce que}

➡ _____ ?

b. 昼食をとらないのは誰？　le déjeuner / [prendre] / {quoi | qui} / ne / pas

➡ _____ ?

c. パリで何をするの？　—買い物をするよ。

　à / Paris / quoi / [faire] / tu　　les magasins / [faire] / je

➡ _____ ? — _____ .

覚えたい単語 🔊音声141

du foot サッカー ⚽	la cuisine 料理	le déjeuner 昼食	le petit déjeuner 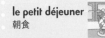 朝食

71

単語 aller、venir、施設　文法 àと定冠詞の縮約

Où est-ce que tu vas ? Au café ?

▶ 居場所や行き先を尋ねたり、答えたりする

Ⅰ ことばの観察：「場所」を表す表現　🔊音声142

___ を埋めて日本語の文を完成させて、対応するフランス語を声に出してみましょう。

a. ミネ、<u>どこ</u>___ いるの？
Minet, tu es <u>où</u> ?

b. 大学 ___ 勉強してるの。
J'étudie <u>à</u> l'université.

c. 大学 ___ 来る？
Tu viens <u>à</u> l'université ?

ヒント
・で
・に

> **分析** ★日本語では、居場所を「場所＋__（いる）」、移動先を「場所＋__／へ（行く）」、行為の場を「場所＋__（〜する）」で表す。
> ★フランス語では、居場所・移動先・行為の場を「__＋（定冠詞）＋場所」で表すようだ。

Ⅱ フランス語の観察：àの後にくる定冠詞　🔊音声143

絵と音声から、前置詞àの後に定冠詞が来る時のルールを見つけて、___ を埋めましょう。

à＋le café ＝ _ _ café	à＋la poste ＝ _ _ _ poste	à＋l'hôpital ＝ _ _ 'hôpital
à＋la gare ＝ _ _ _ gare	à＋la banque ＝ _ _ _ banque	à＋le restaurant ＝ _ _ restaurant
à＋l'hôtel ＝ _ _ 'hôtel	à＋le cinéma ＝ _ _ cinéma	à＋les toilettes ＝ _ _ _ toilettes

ヒント au / à l' / à la / aux

> **分析**
>
> | 男性名詞単数 | 女性名詞単数 | 男女名詞複数 |
> |---|---|---|
> | à＋le ➡ _____ | à＋la ➡ _____ | à＋les ➡ _____ |
> | 母音字・h始まり：à＋l' ➡ _____ | | |
>
> ★àと定冠詞も縮約がある。

チェックしよう　☑onは3人称単数で活用し、口語でnousの意味で使うほか、「人々は」の意味でも使います。
En France, on parle français.　フランスで、（人々は）フランス語を話す。

練習しよう

絵を見て [ ] に au, à l', à la, aux のいずれかを入れましょう。

a. Léa est [　　] maison.

b. Minet et Mimi sont [　　] aéroport.

c. Thomas est [　　] musée.

Ⅲ 今日の表現：aller（行く）とvenir（来る）の活用　🔊音声144

①	je v_____	nous _____ ons	②	je v_____	nous v_____
	tu v_____	vous _____ ez		tu viens	vous v_____
aller	il v___	ils v_____	venir	il v_____	ils vien_____

ヒント ①allez / allons / va / vais / vas / vont　②venons / venez / viennent / viens / vient

★話し手、聞き手のところへの移動を ＿＿＿＿＿＿ で表し、それ以外の移動を ＿＿＿＿＿＿ で表す。

練習しよう

（ ）にallerかvenirの活用を、＿＿＿＿ に「à＋定冠詞」を入れましょう。

a. 僕ら山に行くんだ。君たちも来る？ ―いいえ、私たちはカフェに行くので…。 ☑
On （　　　）＿＿＿ montagne. Vous （　　　）？ — Non, nous （　　　）＿＿＿ café.

b. 僕は大学に行って、ミミはレストランに行きます。
Je （　　　）＿＿＿ université et Mimi （　　　）＿＿＿＿ restaurant.

c. あの人たち、どこに行くの？ ―トイレに行くんです。
Où est-ce qu'ils （　　　）？ — Ils （　　　）＿＿＿＿ toilettes.

Ⅳ 作文に挑戦　🔊音声145

語を並び替えて文を作りましょう。[ ] は正しい形にし、{ } は正しい語を選ぶこと。

a. 僕ら、カフェにいるんだ。君も来る？
on / café / {à le | au} / [être]　　tu / [venir]

➡ ＿＿＿＿＿＿＿＿＿＿＿＿＿＿＿ . ＿＿＿＿＿＿＿＿＿＿＿＿＿＿＿ ?

b. 私は空港にいます。パリに行くんです。
je / aéroport / {au | à l'} / [être]　　je / Paris / {à | où} / [aller]

➡ ＿＿＿＿＿＿＿＿＿＿＿＿＿＿＿ . ＿＿＿＿＿＿＿＿＿＿＿＿＿＿＿ .

c. 君たち、どこに行くの？ ―僕たちは、海に行くんですよ。
vous / {à | où} / [aller]　　nous / mer / {à la | au} / [aller]

➡ ＿＿＿＿＿＿＿＿＿＿＿ ? — ＿＿＿＿＿＿＿＿＿＿＿＿＿＿＿ .

覚えたい単語 🔊音声146

une maison 家	un aéroport 空港	une montagne 山	une mer 海

73

単 語 移動手段、曜日、voir、sortir　　文 法 疑問副詞 comment、quand

Quand est-ce qu'on va au cinéma ?
▶「いつ？」や「どうやって？」を尋ねる

Ⅰ ことばの観察：疑問副詞　　🔊 音声147

＿＿＿ を尋ねる質問になるように空欄を埋めて、対応するフランス語を声に出してみましょう。

a. 今週末 ＿＿＿＿＿ に行こうか？
Où est-ce qu'on va ce week-end ?
映画館に行こう。　— On va au cinéma.

b. ＿＿＿＿＿ 映画館に行く？
Quand est-ce qu'on va au cinéma ?
明日行こう。　— On va au cinéma demain.

c. ＿＿＿＿＿＿ 映画館に行く？
Comment est-ce qu'on va au cinéma ?
歩いて行こう。　— On va au cinéma à pied !

分析
★日本語では、場所を＿＿＿ 、時を＿＿＿ 、方法（様子）を＿＿＿＿＿＿（どんな）で尋ねる。
★フランス語では、場所を où、時を＿＿＿＿＿＿ 、方法（様子）を＿＿＿＿＿＿ で
尋ねる。
★quand と est-ce que はリエゾンで { □ [d]（ダ行音）| □ [t]（タ行音）} になる。

Ⅱ 今日の表現（1）：曜日　　🔊 音声148

Tu travailles quand ? — Je travaille ＿＿＿＿＿ .　　☑

月曜日	火曜日	水曜日	木曜日	金曜日	土曜日	日曜日
＿＿di	＿＿di	＿＿＿＿di	＿＿di	＿＿＿＿di	＿＿＿di	di＿＿＿

ヒント dimanche / jeudi / lundi / mardi / mercredi / samedi / vendredi

Ⅲ 今日の表現（2）：移動の手段　　🔊 音声149

Comment est-ce que tu viens à l'université ? — Je viens ＿＿＿＿＿ .

＿＿ train	＿＿ vélo	＿＿ moto	＿＿ voiture

ヒント à / en

★乗り物の中に乗る場合は「＿＿＋移動手段」、それ以外の場合は「＿＿＋移動手段」で表す。

チェックしよう ☑「毎週〜曜日」を「le ＋曜日」で、「直近の〜曜日」を「曜日のみ（冠詞なし）」で表します。
週末は le week-end を使います。

Ⅳ 今日の表現（３）：voir（見る）とsortir（出る、外出する）　🔊 音声150

① voir	je vois	nous voyons	② sortir	je sors	nous sor_____
	tu _____s	vous vo_____		tu _____	vous sortez
	il _____t	ils voi_____		il _____	ils sort_____

ヒント ①voient / vois / voit / voyez　②sors / sort / sortons / sortent

★「voir＋人」で、「人が見えること」と「人に会うこと」の意味になる。➡ Je vois Minet.

練習しよう

今週のミネの予定と移動手段を見て、（　）を埋めて文を完成させましょう。

月曜日	火曜日	木曜日	土曜日	日曜日
徒歩	電車	バイク	バス	

a. Quand est-ce qu'il voit Léa au restaurant ?　— Il voit Léa (　　　　　　).

b. Comment est-ce qu'il va à l'université ?　— Il va à l'université (　　　　　　).

c. Où est-ce qu'il va lundi ?　— Il va (　　　　　).

d. (　　　　　) est-ce qu'il va au cinéma ?　— Il va au cinéma à moto.

e. (　　　　　) est-ce qu'il ne sort pas ?　— Il ne sort pas dimanche.

Ⅴ 作文に挑戦　🔊 音声151

語を並び替えて文を作りましょう。[　] は正しい形にし、{　} は正しい語を選ぶこと。

a. どうやってカフェに行く？　ーカフェにはバスで行こう。

　　on/ {comment | quand} /café/ au/ [aller]　on/ [aller] /café/ au/ {à | en} /bus

　➡ _____ est-ce qu' _____ ? — _____.

b. いつレアに会うんですか？　ーレアには今日会いますよ。

　　vous/ {comment | quand} /Léa/ [voir]　je/Léa/aujourd'hui/ [voir]

　➡ _____ est-ce que _____ ? — _____.

c. 私は大学に（※自分が利用する交通手段）で来る。

　　je/l'université/à/ [※交通手段] / {à | en} / [venir]

　➡ _____

覚えたい単語　🔊 音声152

aujourd'hui 今日 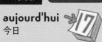	demain 明日	(à) pied 足（徒歩で）	en bus バス

75

Exercices 7

I [　　] に示された動詞の活用形を、(　　　)に疑問詞を入れて、文を完成させましょう。

a. 君たち、何をしているの？　➡　Vous [faire :　　　　　] (　　　　)?

b. 何を頼む？　➡　(　　　) est-ce (　　　) tu [prendre :　　　　　]?

c. 誰が動画を撮るの？　➡　(　　　) [prendre :　　　　　] la vidéo?

d. 誰が歩かないの？　➡　(　　　) est-ce (　　　) ne [marcher :　　　　　] pas?

e. 何が動かないの？　➡　(　　　) est-ce (　　　) ne [marcher :　　　　　] pas?

II 日本語の文に対応するように [　　　] にallerかvenirの活用形を、(　　　)に適切な前置詞と冠詞を入れましょう。

a. 私たちは駅に行きます。　➡　Nous [　　　　　] (　　　　) gare.

b. 彼は教会に来ます。　➡　Il [　　　　　] (　　　　) église.

c. 彼女たちは映画館に行きます。　➡　Elles [　　　　　] (　　　　) cinéma.

d. 明日、君は大学に来る？　➡　Tu [　　　　　] (　　　　) université demain?

e. 僕は劇場に行きます。　➡　Je [　　　　　] (　　　　) théâtre.

III (　　　)に適切な語を入れて下線部を尋ねる文を完成させましょう。

a. (　　　　　) est-ce (　　　) vous habitez?　— J'habite <u>à Paris</u>.

b. (　　　　　) est-ce (　　　) il vient?　— Il vient <u>en train</u>.

c. (　　　　　) est-ce (　　　) prend un café?　— <u>Sophie</u> prend un café.

d. (　　　　　) est-ce (　　　) tu es libre?　— Je suis libre <u>dimanche</u>.

IV 日本語の文に対応するフランス語の文を書きましょう。

a. 君は水曜日どうやって大学に来るの？　— 電車と徒歩で来ます。

➡　_____

b. 彼らは土曜日どこに行きますか？　— 電車で美術館に行きます。

➡　_____

c. 明日、誰に会うの？　— 明日、リュック(Luc)に会うよ。

➡　_____

d. 誰がパリで働いているの？　— 彼のお母さんがパリで働いています。

➡　_____

e. (vousを主語)いつ出かけるんですか？　— (onを主語)土曜日に出かけて買い物をするよ。

➡　_____

J'ai passé de très bonnes vacances !

どう？ フランスは気に入った？
Alors, v_____ _____
_____ la Fr_____ ?

うん！ とてもいいバカンスを
過ごせたよ！
Ah, _ _ _ !
On _ passé de _____
bonnes vacances !

エッフェル塔を見たし、
写真も撮ったし…。
On _ _ _ la tour Eiffel,
on _ _____ ___
ph_ _ _ … .

一緒に出かけもしたね。
それからカフェと映画館にも
行ったよね。
On _____
ensemble aussi.
On _____
au café et __
c_____ aussi.

さて、さようなら、
ミネ。さようなら、ミミ。
Allez, _ _ r_____ ,
Minet. _ _ r_____ ,
Mimi.

さようなら、レア。
トマによろしくね！
_ _ r_____ , Léa.
Dis bonjours à Thomas !

ああ、行っちゃった
（＝出発した）。
Ah... Ils _ _ _ _
partis … .

またね！ ミネ！
またね！ ミミ！
À bientôt, Minet !
à bientôt, Mimi !

Ⅰ この章でできるようになることを2つ選びましょう。

☐ 過去の出来事について話す　☐ 物や人を描写する　☐ 好き嫌いについて話す
☐ 上手・下手を言う　☐ 道案内をする　☐ 過去の移動について話す

Ⅱ ①赤い文字の語句の意味やいつ使うかを（　）にa〜fを入れましょう。
②音声を聞いて、それぞれの語句の音を確認しましょう。

(　) bonnes vacances	(　) passé [passer]	(　) aussi
(　) allez	(　) dis bonjour à	(　) à bientôt

a. いいバカンス　b. またね　c. 〜も　d. さて　e. 〜によろしく伝えて　f. （〜を）過ごす

Ⅲ この章が終わったら、残った __ を埋め、音声を聞いて確認しましょう。

Qu'est-ce que tu as mangé hier ?

▶「過去の出来事」を伝える（1）

I ことばの観察：過去の出来事　　　🔊音声154

空欄を埋めて文を完成させて、対応するフランス語を声に出してみましょう。

[今日すること]

レストランで食べ＿＿＿＿＿＿。

Je <u>mange</u> au restaurant.

大学で勉強す＿＿＿＿＿。

J'<u>étudie</u> à l'université.

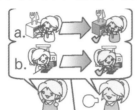

[今日したこと]

レストランで食べ＿＿＿＿＿＿。

J'<u>ai mangé</u> au restaurant.

大学で勉強し＿＿＿＿＿。

J'<u>ai étudié</u> à l'université.

ヒント た / る

> **分析** ★日本語では、「過去の出来事」を表すには「〜る」を「〜＿」に変える。
> ★フランス語では、「過去の出来事」を表すときは動詞を {□ 1つ | □ 2つ} 使う。
> 　動詞を複合して使うため、この形は「複合過去形」と呼ばれる。

II フランス語の観察（1）：複合過去形（1人称単数）　　🔊音声155

音声を聞いて、「過去の出来事」を表す複合過去形に関するルールを見つけて、＿ を埋めましょう。

Je mange. J'ai mangé.	Je danse. J'＿＿ dansé.	Je travaille. J'＿＿ travaillé.
J'étudie. J'＿＿ étudi＿＿.	Je parle. J'＿＿ parlé.	Je cherche. J'＿＿ ＿＿＿＿＿＿＿.

> **分析** ★複合過去形の1つ目の動詞は {□avoir | □être} である。過去の出来事を表す助
> 　けをする動詞として用いるため「助動詞」と呼ぶ。
> ★複合過去形では第1群規則動詞は原形のer を {□erのままにする | □é にする}。
> 　この形を「過去分詞」と呼ぶ。
> ★複合過去形の語順は、{□ 主語➡助動詞➡過去分詞 | □ 主語➡過去分詞➡助動詞}。

練習しよう

動詞を複合過去形に変えましょう。

a. je chante ➡ ＿＿＿＿＿＿＿＿＿＿　　**b.** je voyage ➡ ＿＿＿＿＿＿＿＿＿＿

c. j'écoute ➡ ＿＿＿＿＿＿＿＿＿＿　　**d.** je regarde ➡ ＿＿＿＿＿＿＿＿＿＿

チェックしよう ☑voir とregarder のちがい：voir は「見えること」、regarder は「意識的に見ること」を表す
傾向にあります。

III フランス語の観察（2）：全人称での複合過去形 🔊音声156

音声を繰り返して、複合過去形のルールを見つけましょう。

manger		danser	
j'ai mangé	nous avons mangé	j'ai dans___	nous avons dans___
tu as mangé	vous avez mangé	tu as dansé	vous avez dans___
il a mangé	ils ont mangé	il a dans___	ils ont dansé
elle a mangé	elles ont mang___	elle a dansé	elles ont dansé

étudier		parler	
j'ai étudié	nous avons étudi__	j'____ _____	nous _____ _____
tu ____ étudi__	vous _____ étudi__	tu ____ _____	vous _____ _____
il a étudi__	ils ont étudi__	il __ _____	ils _____ _____
elle __ étudi__	elles ont étudi__	elle a _____	elles ont _____

ヒント a / as / avez / avons / ai / ont / dansé / parlé / étudié / mangé

分析 ★過去分詞の形は主語の人称や性によって { □ 変化する | □ 変化しない }。

練習しよう

現在形の文を複合過去形に書き換えましょう。☑

a. On voyage en France. ➡ On _____ _____ en France.
b. J'étudie le français. ➡ J'_____ _____ le français.
c. Tu parles français ? ➡ Tu _____ _____ français ?
d. Vous regardez la télévision ? ➡ Vous _____ _____ la télévision ?
e. Nous écoutons la radio. ➡ Nous _____ _____ la radio.

IV 作文に挑戦 🔊音声157

語を並び替えて文を作りましょう。[ ] は正しい形にし、{ } は正しい語を選ぶこと。

a. 私たちはカラオケで歌ってカフェで食べました。

nous / karaoké / au / [chanter] / et / nous / café / au / [manger]

➡ _____ .

b. 昨日はカフェで何を食べたの？　—クレープを食べたよ。

tu / hier / café / au / qu'est-ce que / [manger]　{je | j'} / crêpe / une / [manger]

➡ _____ ? — _____ .

c. 君たちは鍵を見つけましたか？　—はい、鍵を見つけました。

vous / clef / la / [trouver]　oui / on / clef / la / [trouver] / ,

➡ _____ ? — _____ .

覚えたい単語　🔊音声158

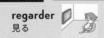 **regarder** 見る　 **écouter** 聴く　 **trouver** 見つける　 **hier** 昨日

79

Je n'ai pas pris de douche.

▶「過去の出来事」を伝える（2）

Ⅰ ことばの観察：過去の出来事を否定する　　🔊音声159

空欄を埋めて日本語の文を完成させて、対応するフランス語を声に出してみましょう。

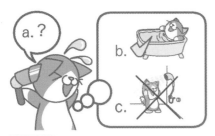

a. 昨日、何をし＿＿＿＿かな？
Qu'est-ce que j'ai fait, hier ?（faire）

b. お風呂に入っ＿＿＿＿なあ。
J'ai pris un bain.（prendre）

c. でも、シャワーは浴び＿＿＿＿。
Mais, je n'ai pas pris de douche.

ヒント　た / なかった

★日本語で「過去の出来事」を否定する場合、「ない」を「＿＿＿＿＿」に変える。
★フランス語で「過去の出来事」を否定する場合、ne と pas を {□ 使う ｜ □ 使わない} ようだ。
　★フランス語の不規則動詞の過去分詞は é で {□ 終わる ｜ □ 終わらない} ようだ。

Ⅱ フランス語の観察：複合過去形の否定形　　🔊音声160

肯定形と否定形で異なる部分に○をして「複合過去形」を否定形にする時のルールを見つけましょう。

	J'ai mangé du pain. Je n'ai pas mangé de pain.		J'ai étudié le français. Je n'ai pas étudié le français.
	J'ai parlé français. Je n'ai pas parlé français.		J'ai trouvé un café. Je n'ai pas trouvé de café.

ヒント　de / ne(n') / pas / ai

★複合過去形の ne と pas は {□ 助動詞 ｜ □ 過去分詞} の前後に付く。
★複合過去形でも、否定文で不定冠詞と部分冠詞は ＿＿＿ に変わる。

練習しよう

下線の動詞を否定形にしましょう。
a. Il a mangé des croissants.　➡ Il ＿＿＿＿＿＿＿＿＿＿ de croissants.
b. Nous avons voyagé en France.　➡ Nous ＿＿＿＿＿＿＿＿＿ en France.
c. Vous avez écouté la radio.　➡ Vous ＿＿＿＿＿＿＿＿＿ la radio.

チェックしよう　☑交通手段を選ぶことを、prendre＋乗り物で表します。
　　　　　　　　Je prends le train.（電車に乗る）/ Je prends l'avion.（飛行機に乗る）

80

Ⅲ 今日の表現：不規則動詞の過去分詞

　音声161

音声を聞いて、不規則動詞の過去分詞のルールを見つけましょう。

faire je fais ➡ j'ai _____	prendre je _____ ➡ j'ai _____
boire je _____ ➡ j'ai _____	voir je vois ➡ j'ai _____

ヒント bois / bu / fait / prends / pris / vu

★不規則動詞の過去分詞は {□ 動詞ごとに異なる | □ 必ずéで終わる} ようだ。

練習しよう

例にならって、下線部に肯定形と否定形を書きましょう。

例）visiter　　Tu as visité Paris ? — Non, je n'ai pas visité Paris.

a. chanter　Il _____ au karaoké ? — Non, il _____ au karaoké.

b. voir　　Vous _____ Minet ? — Non, nous _____ Minet.

c. prendre　Tu _____ l'avion ? — Non, je _____ l'avion. ☑

d. regarder　Minet _____ le tableau ? — Non, il _____ le tableau.

e. boire　　Léa et Thomas _____ de l'alcool ? — Non, ils _____ d'alcool.

Ⅳ 作文に挑戦

　音声162

語を並び替えて文を作りましょう。[ ] は正しい形にし、{ } は正しい語を選ぶこと。

a. 彼はワインを飲みましたか？　—いいえ、彼はアルコールを飲みませんでした。

il / vin / {du | de} / [boire]　　non / il / alcool / {de l' | d'} / [boire] / n' / pas /,

➡ _____ ? — _____ .

b. トマを見ましたか？　—いや、でも、レアを見ましたよ。

vous / Thomas / [voir]　　non / mais / {je | j'} / Léa / [voir] /,

➡ _____ ? — _____ .

c. 金曜日に君たちは何をしたの？　—映画を観たよ。

vendredi / vous / qu'est-ce que / [faire]　　on / film / un / [voir]

➡ _____ ? — _____ .

覚えたい単語 音声163

 un film
映画　

un tableau
黒板　

un alcool
アルコール(飲料)　

un avion
飛行機　

81

Leçon 24

Où est-ce que tu es allé hier ?

▶「過去の移動」を伝える

Ⅰ ことばの観察：過去の移動

🔊音声164

過去を表す文になるように（　）の語を変化させて、対応するフランス語を声に出してみましょう。

a. ミミが ＿＿＿＿＿＿（来る）。
Mimi est venue.

b. ミミとカフェに ＿＿＿＿＿＿（行く）。
On est allés au café.

c. バスで ＿＿＿＿＿＿（帰る）。
Je suis rentrée en bus.

> **分析** 🔍
> ★日本語の「行く」、「来る」、「帰る」は、{□ どこかへの移動 ｜ □ どこかでする行為}
> を表す。
> ☑ ★フランス語では、移動の有無を表す動詞を用いる場合、助動詞に
> { □avoir ｜ □être } を使うようだ。

Ⅱ フランス語の観察（1）：助動詞 être を用いる場合の過去分詞

🔊音声165

主語が男性と女性の場合で異なる部分に〇をして、＿＿＿を埋めましょう。

venir（venu）	je suis venu je suis venue	naître（né）	je suis né je suis née
sortir（sorti）	je suis sorti je suis sortie	rentrer（rentré）	je suis rentr＿＿＿ je suis rentr＿＿＿＿＿

> **分析** 🔍 ★助動詞が être の場合、主語が女性なら過去分詞に ＿＿ を付ける。

練習しよう

助動詞に注意して、正しい形の過去分詞を選びましょう。

a. レア（女）：私は自宅にいました。　　Je suis {rester : □ resté ｜□ restée} chez moi.

b. トマ（男）：僕は大学に行きました。　Je suis {aller : □ allé ｜□ allée} à l'université.

c. ミミ（女）：私はレストランで食べました。J'ai {manger : □ mangé ｜□ mangée} au restaurant.

d. ミネ（男）：僕は京都で生まれました。　Je suis {naître : □ né ｜□ née} à Kyoto.

チェックしよう ☑voyagerやvisiterのように、移動先を見学したり観光することが目的の場合、助動詞はavoir
J'ai voyagé à Paris.（パリを旅する）/ J'ai visité Paris.（パリを観光する）

Ⅲ フランス語の観察（2）：助動詞 être を用いる動詞の複合過去形　🔊音声166

音声を繰り返して助動詞に être を使う複合過去形の活用のルールを見つけましょう。

aller（allé）	je suis	allé /	allée	nous sommes	allés /	allées
	tu es	allé /	allée	vous êtes	allé(s) /	allée(s)
	il/elle est	allé /	allée	ils/elles sont	allé__ /	--------
mourir（mort）	je suis	-------- /	morte	nous sommes	---------- /	----------
	tu es	mort /	--------	vous êtes	---------- /	morte(s)
	il/elle est	mort /	--------	ils/elles sont	---------- /	--------

分析

★助動詞が être の場合、過去分詞は主語が女性なら e が付き、複数形なら __ が付く。

★vous の過去分詞に s が付かないのは {□ 敬語の vous｜□ tu の複数} の時だろう。

★過去分詞は、男性形と女性形で {□ 常に同じ発音になる｜□ 子音で終わる時は音が変化する}。

練習しよう

例にならって過去の出来事を表す文を男性形と女性形で作りましょう。

例) aller　　　　　Je suis allé à la montagne.　　　Tu es allée à la mer.

a. rester　　　　Nous ＿＿＿＿＿＿ chez nous.　　Vous ＿＿＿＿＿＿ chez vous.

b. ne pas rentrer　Il ＿＿＿＿＿＿＿＿ tôt.　　Elle ＿＿＿＿＿＿＿＿ tard.

c. venir　　　　　Ils ＿＿＿＿＿＿ en train.　　Elles ＿＿＿＿＿＿ en voiture.

d. naître　　　　Mon père ＿＿＿＿ le 6 mars.　　Ma mère ＿＿＿＿ le 21 avril.

Ⅳ 作文に挑戦　🔊音声167

語を並び替えて文を作りましょう。［　］は正しい形にし、{　} は正しい語を選ぶこと。

a. 私（男）は12月25日に生まれた。　je / décembre / 25 / le / [naître]

➡ ＿＿＿＿＿＿＿＿＿＿＿＿＿＿＿＿＿＿＿＿＿＿ .

b. 両親はレストランで夕食を食べて、（彼らは）遅くに帰ってきた。

parents / restaurant / au / [manger] / et / ils / tard / [rentrer] / mes

➡ ＿＿＿＿＿＿＿＿＿＿＿＿＿＿＿＿＿＿＿＿＿＿ .

c. あなたたち（男＋女）はどうやってきましたか？　—電車で来ました。

vous / comment est-ce que / [venir]　　nous / train / en / [venir]

➡ ＿＿＿＿＿＿＿＿＿＿＿＿＿ ? — ＿＿＿＿＿＿＿＿＿＿＿ .

覚えたい単語　🔊音声168

tôt	tard	rester	chez~
早くに	遅くに	留まる	~の家

83

Exercices 8

I 現在形の文を複合過去形の文に書き換えましょう。

a. Je mange de la cuisine française. ➡ _____ de la cuisine chinoise.

b. Il parle avec Luc. ➡ _____ avec Luc.

c. Vous visitez le Louvre ? ➡ _____ le Louvre ?

d. Tu étudies en France ? ➡ _____ en France ?

e. Nous écoutons de la musique. ➡ _____ de la musique.

II 現在形の文を複合過去形に書き換えましょう。

a. Est-ce que tu bois du thé ? ➡ _____ du thé ?

b. Je ne vois pas de films. ➡ _____ de films.

c. Elle ne fait pas de tennis. ➡ _____ de tennis.

d. Elles prennent le petit déjeuner. ➡ _____ le petit déjeuner.

e. Je ne mange pas de viande. ➡ _____ de viande.

III 示された動詞を複合過去形にして文を完成させましょう。

a. Picasso [naître] _____ en Espagne et [mourir] _____ à Paris.

b. Elle [aller] _____ en France et [manger] _____ de la cuisine française.

c. Elle [venir] _____ au Japon et elle [visiter] _____ Tokyo et Kyoto.

d. Les voleurs [entrer] _____ à la maison et ils [partir] _____ .

IV （ ）に適切な助動詞を入れ、質問と答えとして適切な組み合わせを線で結びましょう。

a. Vous （　　　）fait du sport ?   ・   ・① Elle （　　　）rentrée hier.

b. Où est-ce que tu （　　　）voyagé ?   ・   ・② Non, je n' （　　）pas fait de sport.

c. Quand est-ce qu'elle （　　　）rentrée ? ・   ・③ J' （　　）voyagé en France.

V 日本語の文に対応するフランス語の文を書きましょう。

a. 昨日、彼女の両親は家にいました。

➡ _____

b. 私はフランス語を勉強しましたが、英語は勉強しませんでした。

➡ _____

c. 彼らは買い物をしましたが、レストランには行きませんでした。

➡ _____

― 主な動詞の活用表 ―

① avoir（eu）

j' ai	nous avons
tu as	vous avez
il a	ils ont

② être（été）

je suis	nous sommes
tu es	vous êtes
il est	ils sont

③ danser（dansé）

je danse	nous dansons
tu danses	vous dansez
il danse	ils dansent

④ aimer（aimé）

j' aime	nous aimons
tu aimes	vous aimez
il aime	ils aiment

⑤ aller（allé）

je vais	nous allons
tu vas	vous allez
il va	ils vont

⑥ manger（mangé）

je mange	nous mangeons
tu manges	vous mangez
il mange	ils mangent

⑦ faire（fait）

je fais	nous faisons
tu fais	vous faites
il fait	ils font

⑧ prendre（pris）

je prends	nous prenons
tu prends	vous prenez
il prend	ils prennent

⑨ boire（bu）

je bois	nous buvons
tu bois	vous buvez
il boit	ils boivent

⑩ venir（venu）

je viens	nous venons
tu viens	vous venez
il vient	ils viennent

⑪ voir（vu）

je vois	nous voyons
tu vois	vous voyez
il voit	ils voient

⑫ sortir（sorti）

je sors	nous sortons
tu sors	vous sortez
il sort	ils sortent

⑬ dire（dit）

je dis	nous disons
tu dis	vous dites
il dit	ils disent

⑭ partir（parti）

je pars	nous partons
tu pars	vous partez
il part	ils partent

＊次の動詞は過去分詞で使うことが多いので、過去分詞のみを掲載する。

⑮ naître（né）　⑯ mourir（mort）

─ 単語リスト ─

フランス語の観察、練習問題で必要な単語を載せています(「覚えたい単語」を除く)。

名名詞、男男性名詞、女女性名詞、複複数形、代代名詞、動動詞、形形容詞、前前置詞、副副詞、接接続詞

A

à (au, aux)前　　～に、～で
à côté de前　　～の隣に
à droite前　　右に
à gauche前　　左に
adorer動④　　～が大好きだ
âge男　　年齢
aimer動④　　～が好きだ
alcool男　　アルコール、酒
allemand(e)形　　ドイツ(人)の
aller動⑤　　行く
américain(e)形　　アメリカ(人)の
an男　　歳
anglais男　　英語
appartement男　　マンション
avec前　　～と
avoir動①　　持つ

B

bain男　　風呂
banque女　　銀行
beaucoup副　　たくさん、とても
bien副　　うまく
bière女　　ビール
biscuit男　　ビスケット
boire動⑨　　飲む
bon(ne)形　　良い、おいしい
bonbon男　　あめ

C

ça代　　これ
café男　　コーヒー、カフェ
Canada男　　カナダ
canadien(ne)形　　カナダ(人)の
chanter動③　　歌う
chanteur(euse)名　　歌手
chaussures女複　　靴
chemise女　　シャツ
chercher動③　　探す
chercheur(euse)名　　研究者
Chine女　　中国
cinéma男　　映画館
comédien(ne)名　　俳優
comment副　　どうやって
cousin(e)名　　いとこ
crayon男　　鉛筆
crêpe女　　クレープ
croissant男　　クロワッサン
cuisinier(ère)名　　料理人

D

dans前　　～の中に
danser動③　　踊る
danseur(euse)名　　ダンサー

date de naissance女　　誕生日
derrière前　　～の後ろに
détester動③　　～が嫌いだ
deuxième形　　2番目の
devant前　　～の前に
dictionnaire男　　辞書
dimanche男　　日曜日
dîner男　　夕食
douche女　　シャワー

E

eau女　　水
église女　　教会
en前　　～に、～で
en face de前　　～の正面に
enseignant(e)名　　教師
entrer動③　　入る
et接　　～と
États-Unis男複　　アメリカ合衆国
être動②　　～である
étudiant(e)名　　学生
étudier動④　　勉強する
euro男　　ユーロ

F

faire動⑦　　する、作る
fatigué(e)形　　疲れた
français男　　フランス語
français(e)形　　フランス(人)の
France女　　フランス
frère男　　兄弟
frites女　　フライドポテト
fruit男　　果物

G

gare女　　駅
genre男　　種類
grand(e)形　　大きい
grands-parents男複　　祖父母

H

habiter動④　　住む
hôpital男　　病院
hôtel男　　ホテル

I

ici副　　ここ
il y a...　　…がある
Italie女　　イタリア
italien(ne)形　　イタリア(人)の

J

Japon男　　日本
japonais(e)形　　日本(人)の
japonais男　　日本語

86

jaune形　黄色い
je m'appelle...　私は…という名前だ
jeudi男　木曜日
jupe女　スカート

K

karaoké男　カラオケ

L

là副　そこ
langue女　言語
légume男　野菜
le Louvre男　ルーブル(美術館)
libre形　暇な
limonade女　レモネード
loin de前　〜から遠くに
lundi男　月曜日

M

magasins男　ショッピング
manger動⑥　食べる
marcher動③　歩く、(物が)動く
mardi男　火曜日
ménage男　掃除、家事
mercredi男　水曜日
mère女　母親
mourir動⑯　死ぬ
musique女　音楽
musique classique女　クラシック音楽

N

naître動⑮　生まれる
nationalité女　国籍
ne (n')...pas副　…ない
nom男　名前
non副　いいえ

O

on代　人々、私たち
orange女　オレンジ
ordinateur男　パソコン
ou接　または
où副　どこ
oui副　はい

P

pain男　パン
pantalon男　ズボン
parc男　公園
pardon男　すみません
parents名複　両親
Paris名　パリ
parisien(ne)形　パリジャン、パリジェンヌ
parler動③　話す
partir動⑭　発つ
passeport男　パスポート
père男　父親
petit(e)形　小さい
photo女　写真
portefeuille男　財布
portugais(e)形　ポルトガル(人)の
poste女　郵便局
premier(ère)形　1番目の

prendre動⑧　とる、乗る、(道を)行く
près de前　〜の近くに
profession女　職業

Q

quand副　いつ
quatrième形　4番目の
que代　何
quel形　どの〜、何〜
qui代　誰
quoi代　何(を)

R

radio女　ラジオ
rentrer動③　帰る
restaurant男　レストラン
riz男　米
rock男　ロック

S

salade女　サラダ
samedi男　土曜日
s'appeler動　〜という名前である
smartphone男　スマートフォン
sœur女　姉妹
sortir動⑫　出る、外出する
soupe女　スープ
sous前　〜の下に
sport男　スポーツ
suisse形　スイス(人)の
sur前　〜の上に

T

table女　テーブル
tee-shirt男　Tシャツ
téléphone男　電話
télévision女　テレビ
tennis男　テニス
thé男　お茶、紅茶
théâtre男　劇場
toilettes女複　トイレ
tout droit副　まっすぐに
train男　電車
troisième形　3番目の
tu代　君は

U

université女　大学

V

valise女　スーツケース
vendredi男　金曜日
venir男　来る
vert(e)形　緑色の
vidéo女　ビデオ、動画
visiter動③　訪れる
voir動⑪　見る、会う
voiture女　自動車
voleur男　泥棒
vous代　あなた(たち)は、君たちは
voyager動⑥　旅行する

著者紹介

佐々木幸太（ささき　こうた）
　関西学院大学他講師
佐々木香理（ささき　かおり）
　関西学院大学他講師
松井真之介（まつい　しんのすけ）
　大阪産業大学他講師

ウレカ！

2020 年 2 月 10 日　第 1 刷発行
2023 年 4 月 10 日　第 3 刷発行

著　者 ©　佐　々　木　幸　太
　　　　　佐　々　木　香　理
　　　　　松　井　真　之　介
発行者　　岩　堀　雅　己
印刷所　　株　式　会　社　三　秀　舎

101-0052 東京都千代田区神田小川町 3 の 24
発行所　電話 03-3291-7811（営業部），7821（編集部）　　株式会社白水社
　　　　www.hakusuisha.co.jp
乱丁・落丁本は送料小社負担にてお取り替えいたします。

振替 00190-5-33228　　　　Printed in Japan　　　　誠製本株式会社

ISBN978-4-560-06134-3